U0556371

90后员工，
该怎么管？

多角度、全方位打造优秀的90后员工队伍

90后员工，该怎么管？

孔 暄 / 著

中国商业出版社

图书在版编目（CIP）数据

90后员工，该怎么管？/孔暄著.—北京：中国商业出版社，2017.7

ISBN 978-7-5044-9944-8

Ⅰ.①9… Ⅱ.①孔… Ⅲ.①企业管理-人事管理
Ⅳ.①F272.921

中国版本图书馆CIP数据核字(2017)第165379号

责任编辑：唐伟荣

中国商业出版社出版发行
010-63180647 www.c-cbook.com
(100053 北京广安门内报国寺1号)
新华书店经销
北京时捷印刷有限公司印刷
*
710×1000毫米 1/16 16印张 210千字
2017年7月第1版 2017年7月第1次印刷
定价：45.00元

* * * *

（如有印装质量问题可更换）

前言

PREFACE

随着90后逐渐走向职场——有些已成为企业的精英员工、管理团队中的一员，甚至有些已创业成为年轻的CEO——不可否认的是，90后已成为当下企业新鲜涌入力量的主要来源。而关于90后员工的管理问题也逐渐浮出水面，成为现代企业及其管理者必须认真面对的事情。

有人认为“90后”管理是个伪命题，毕竟每代人的管理模式具有差异性，为何单独提出“90后”管理作为一个重要课题？这主要是源于90后与前辈们的不同特质，而且如何有效管理他们已成为当下企业迫切需要解决的重要问题。

从社会学角度而言，某一代际的人群被专门对待，并给予统一的称呼，是源于社会重大变迁过程中或者之后，这一代际人群在心智模式、价值理念乃至言行举止上呈现出与前辈们截然不同的风貌与特征。

“90后”群体是在改革开放的时代背景下成长的，与之对应的是工业化、市场化、城市化的进程，生产力得到极大的提升，面临着来自全球各地的文化冲突等。在这种影响下，他们变得与前辈们差别悬殊，这种不同被称为“代沟”。等他们步入职场时，前辈管理者突然发现以往的管理手段皆失效了。

社会学之父孔德曾言：“社会的进步只能以‘死’，或者说以人类社会的不断更新为前提。”因此只要社会继续发展，代沟是必然存在的。不过相比80后，90后员工对管理所带来的冲突更为剧烈。

90后员工个性鲜明，创造力极强，深受多种文化的熏陶，可塑性很强，这给传统管理模式带来极大的挑战。而当两者相“撞”时，频繁的离职与跳槽是90后员工给予的惯常反应。我们应尊重90后员工的差异性，要学会引导，使其成为企业的新动力。

90后员工管理成为管理中的重要课题，是由90后所代表的文明传承模式的本质所决定的。虽然90后与前辈们的代沟不断地扩大，看起来似乎不可逾越，双方的冲突也更为激烈，演变为令管理层措手不及的管理难题，甚至出现听闻90后色变的局面……但即使这鸿沟再宽阔，90后员工管理也是有章可循的。

纵观当下的90后员工管理难题，可以知道对过去经验的熟知，使得管理者形成了一种固定思维模式，无法应对管理上的新变化，这极大地制约了管理能力的提升。在现代企业中，90后成为职场新生代已是浩浩大势，不可阻挡，管理者要想在这场管理博弈中游刃有余，最重要的是要学习新的管理模式、方法及策略。

如果你想成为优秀的管理者，欢迎你走进本书的世界。

目 录

CONTENTS

第3章　批评与问责——让90后员工负起责任

第4章　多聆听少洗脑——他不一定是对的，但他有自己的思维

第5章　有效沟通——用“90后的语言”进行沟通

第9章　描绘蓝图——90后员工的职业生涯规划

第 1 章　知己知彼——管理 90 后，首先要了解他们的 Style

90后员工希望自己的知识和收入成正比，但这并不代表他们看重“工资”，相比金钱而言，他们更看重企业的发展机会、弹性化的工作岗位和持续的学习机会，重视企业是否公正地对待自己。与其他年龄层的员工相比，90后员工会主动、直接地向管理者或企业提出自己的要求。

90后员工多面性脸谱

当世人对80后的职业行为开始认可，对他们的批判逐渐销声匿迹时，被称为职场“新新人类”的90后，开始闪亮登场。他们高调地向世人宣布：“我们来了！”而且他们过于标新立异的行为，让世人瞠目结舌。

记得某个论坛上，有个资深人事部经理发帖抱怨，说现在的90后太不靠谱了。大意是说原本安排好的工作，就等着他们上岗到位，结果他们临时突然改变主意不来了，浪费了公司对他们的辛苦培训，也令公司陷入了临时找不到人顶替的尴尬境地。此人事经理为此吃了不少苦头，也信誓旦旦地宣称不再招90后员工。

如此说来，现在的90后员工的确有些“不靠谱”，起码在面对一份工作时，缺少了严谨认真的态度，也缺乏为公司设身处地着想的责任感。但即使是这样，我们也不能一竿子打翻一船人，因为遇到了几个“不靠谱”的90后员工，就认为所有的90后员工都不靠谱。

作为管理者，我们要做到的是管理好90后员工，而不是摒弃90后员工。因为即使很不情愿招聘90后员工，但却无法阻挡90后不断涌入职场的大趋势，否则企业将会面临无人可用的困境。而且，如果企业与这一代人隔绝，那么也就丧失了未来的市场份额，毕竟90后正在逐渐成为社会消费的主流群体。

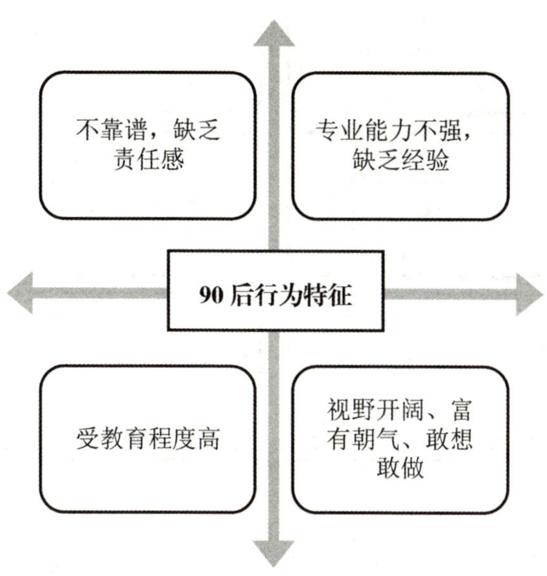

更何况，就如同硬币的两面性一样，90后员工身上也有其宝贵的一面，比如受教育程度高，视野开阔、富有朝气、敢想敢做，而这些特质对于企业来说非常重要。

因此，如何去了解他们，并根据他们的职业行为去管理他们，是管理者迫切需要研究和学习的课题。

90后员工的行为特征

那么，到底90后员工有哪些职业行为和特质呢？以下六点是管理者所必须知道的90后员工的行为特征。

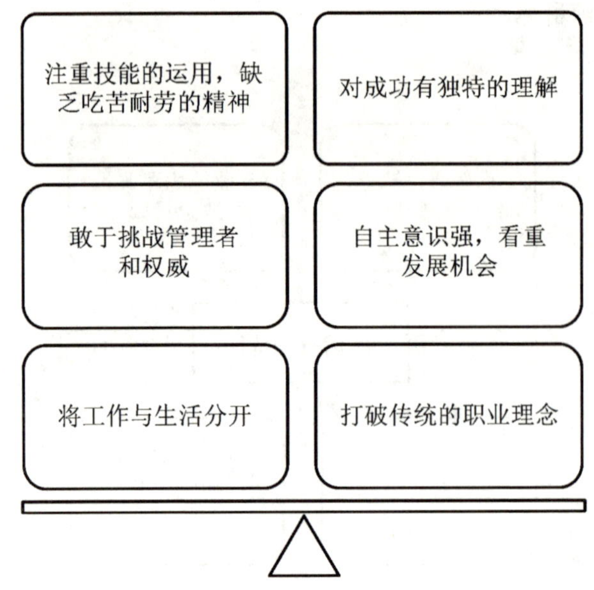

◎ 注重技能的运用，缺乏吃苦耐劳的精神

90后员工重视学习和技能培训，认同知识的力量，在工作中注重技能的运用，但怕累怕苦，缺乏吃苦耐劳的精神。有人说“90后不喜欢加班”，虽然不完全尽然，但也体现了90后员工缺乏吃苦耐劳的精神。

◎ 对成功有独特的理解

90后员工认为成功的方式有很多种，而做老板或走仕途这两种传统的成功方式，在他们看来有些落后。他们相信自己的才能，只要有人愿意给他们机会，他们会为之努力拼搏。在如今的移动互联网时代，他们更愿意在朋友圈获得自己的一片天地。而那些在事业单位熬年头的人则被他们看成是在虚度年华。

◎ 自主意识强，看重发展机会

90后员工受到的教育水平相对其他年龄层的员工，都要高很多。所以，他们通常会认为自己的收入要跟自己获得的知识成正比。

另外，他们的自主意识很强，在工作面前，会表现出更强的求胜心理。他们渴望有所成就，强烈期望得到领导和同事的认可，喜欢具有挑战性的工作，把攻克难关看做是一种乐趣、一种体现自我价值的方式。

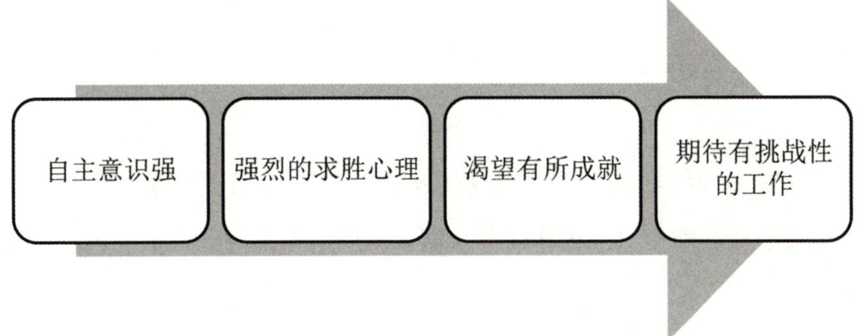

虽然说他们希望自己的收入和知识成正比，但这并不代表他们看重“工资”。相比金钱而言，他们更看重企业的发展机会、弹性化的工作岗位和持续的学习机会，重视企业是否公正对待自己。与其他年龄层的员工相比，90后员工会主动、直接地向管理者或企业提出自己的要求。

通常情况下，大部分90后员工愿意进行一些创新活动，他们讨厌重复性的工作，希望从事有挑战性、有趣味性的工作。这是积极的工作态度，是可以被管理者好好利用的。

但是，相比其他年龄层的员工来说，90后员工无论对工作和企业的满意度，还是对企业的忠诚度都是很低的。如果有其他公司愿意提供更好的工资待遇和发展机会，他们会毫不犹豫地跳槽。

◎ 敢于挑战管理者和权威

尊重管理者，在管理者面前说话委婉，不挑战管理者的权威，一直以来，几乎是一种不成文的从业“潜规则”。然而，这些“潜规则”对于90后员工来说，是不存在的。他们更喜欢直接表达自己的观点，甚至有时会藐视权威。

他们不会单纯因为你是一个管理者，就对你表达出尊重，他们看重的是上司是否具有良好的个人修养与管理能力。

◎ 将工作与生活分开

纵看如今的职场，你会发现传统的员工对待工作任务，会全力以赴地去完成，即使这个工作任务占据了大量的个人时间，他们也不会有怨言。

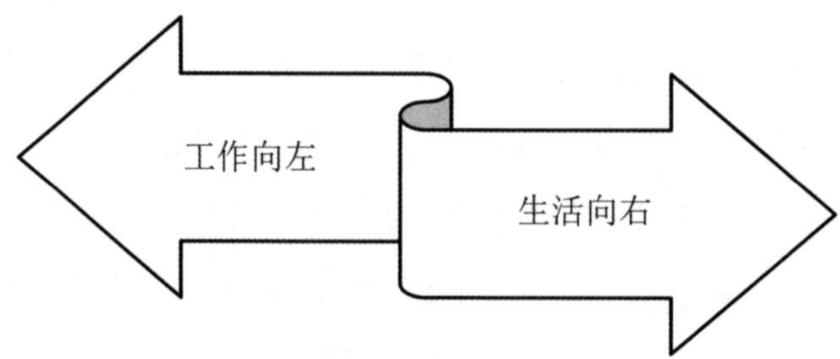

而90后员工，他们将工作与生活截然分开，不喜欢生活被繁忙的工作打扰，不愿意因工作而牺牲自己的个人休息时间。已经有越来越多的90后“背包族”为了自己所向往的生活方式，辞掉待遇丰厚的工作，这就是典型的例子。

另外，他们不太关心公司高层的人员变动，不会主动留在公司加班，更不会为了与上司搞好关系而拍马屁。

◎ 打破传统的职业理念

传统的职业理念通常会认为，作为企业的员工，理应对企业忠诚，而企业应该为员工提供一定的工作保障。而90后员工对于这一职业理念却不认同，他们渴望尝试不同的职业领域，同时认为企业应为员工提供职业的发展机会，他们看重的不是“工作”本身，而是企业能否培养自己。

“以厂为家”“以公司为家”的职业理念在90后员工看来有点滑稽可笑。

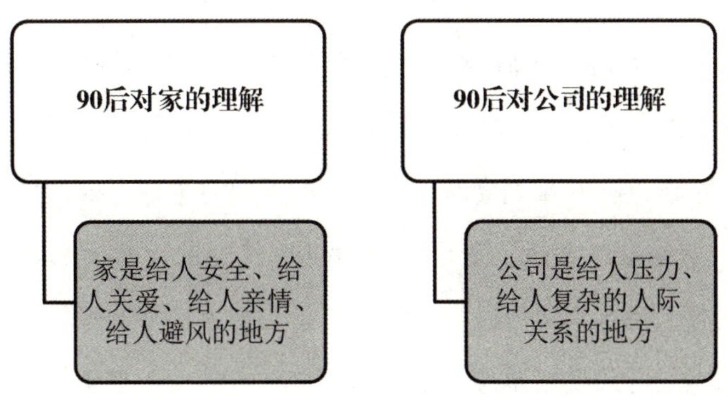

90后的这一职场理念让他们认为自己与公司是一种不等价的交换关系。

当90后员工认为与公司是不等价交换时，就会出现各种问题。所以，这就需要管理者根据90后员工这一职场理念变换管理模式。

以上六点就是90后员工的职业行为特征。当我们掌握好他们的这些特点后，接下来，我们就可以抛弃传统的管理模式，以新的方法去管理、理解、指导他们。毕竟，一个社会，年轻人总该有年轻人的风格，他们也许浮躁轻狂但却充满生机，正如每个人所经历的年轻时代一样。

作为管理者，多一些宽容、少一分苛责，相信90后员工一定会成为企业的中流砥柱和栋梁之才。

90后在职场的七大“不良习性”

短短几年间，90后已然占据了社会的方方面面，也许大多数90后并未获得社会中的话语权，但距离这一天已不遥远，而且速度相比80后更快。

作为新生力量，90后已闪亮登场，他们的身影频繁出现在各类场合。然而对90后讨伐的现象却不断地出现，曾有新闻报道过：某个资深电视节目制作人在开策划会时，对一位90后实习生说，麻烦你在策划会结束后，为大家订盒饭，费用晚些时候找我报销。然而那个实习生却说，对不起，我是来实习做导演的，不是来为大家订盒饭的。很多管理者认为到电视台来实习做导演，当然是来学习的，但在学习之余为大家订一下盒饭，并不耽误学习的时间，对此断然拒绝，显得不通人情，有些过于狂妄了。也许他很有才华、学识渊博，但在做人这一张试卷上，则没能及格。

自媒体大V咪蒙也曾发过一篇名为《职场不相信眼泪，要哭回家哭》的文章，在文章中她声情并茂地教育了一个因为经常帮领导拿外卖而哭泣的实习生。咪蒙对此不解，她认为：“一个正常而健康的公司，大家人格上是平等的，但分工上要有所区别。老板的时间就应该是最值钱的，不应该拿来做杂事；所有的新人，就应该从杂事做起。很多职场新人意识不到这一点，不明白自己的位置，被安排做杂事，就会觉得万般委屈。”这篇文章引爆朋友圈，引发舆论热议。

当然，不愿意为领导或者同事订盒饭只是90后在职场中众多“不良”表现中的一种。还有其他很多，如见前辈不打招呼，对工作漫不经心，不去打水却抱怨没水喝，上班时经常在网上聊天，弄脏办公室却不打扫，太玻璃心受不了批评，缺乏敬业精神和责任感，遇到挫折就想着跳槽等等。管理者对90后员工可谓是爱恨交加。

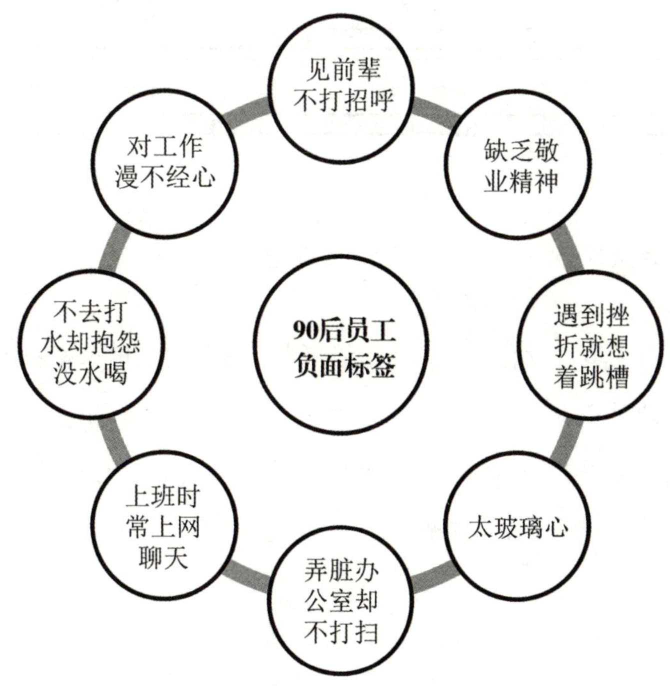

90后步入职场虽然为职场带来了新生力量，但也带来了更多的问题，很多管理者觉得90后太难管理，陋习太多。笔者根据新闻报道和身

边案例进行总结，概括出所谓的90后在职场中的七大不良习性。

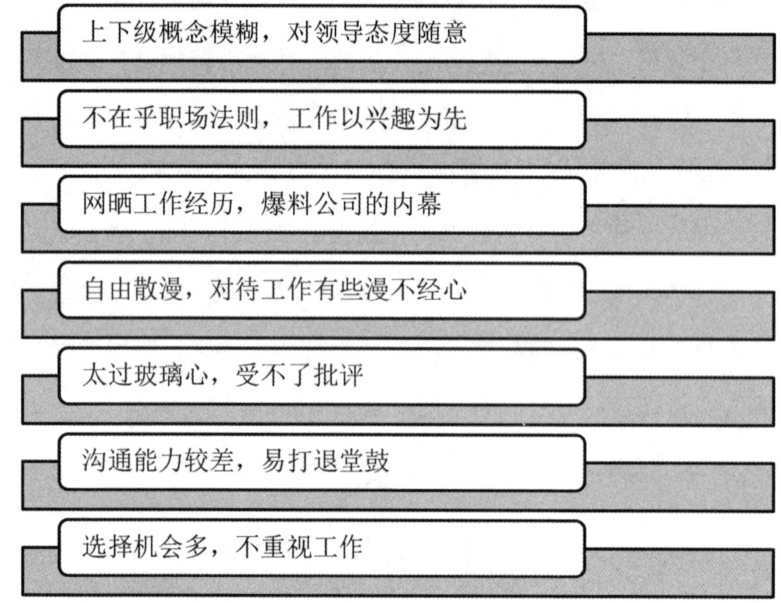

◎ 上下级概念模糊，对领导态度随意

90后员工多数没有清晰的上下级概念，对待公司前辈和领导的态度很随意，缺乏敬畏。有时在公司见到领导、前辈也不打招呼，面对领导交代的任务显得有些不耐烦，如果心生不快，会当面顶撞领导，而非像70后、80后员工那样容忍这些。

◎ 不在乎职场法则，工作以兴趣为先

90后员工对待工作缺乏严谨态度，以戏谑对待严肃，不会将工作看得太重，更不会将工作放在第一位，而70后、80后员工则将工作放在第

一位。每家公司都有自己的职场法则，是需要员工共同遵守的，而90后则对此不以为意，甚至嗤之以鼻。由于多数90后员工家庭环境很优越，在选择工作时多以兴趣为标准，对自己喜爱的工作能兢兢业业，如果对工作丧失兴趣，则会辞职。

◎ 网晒工作经历，爆料公司的内幕

90后是互联网影响下长大的一代，他们习惯于网上冲浪，网上看新闻、交话费、交朋友、看视频，网络已成为他们生活中的重要组成部分。他们会将自己的经历发布在网上，让朋友和网友评论，有时也会晒他们的工作经历、谈论公司琐事、吐槽领导等，当然有时还会无意中爆出公司的内幕。

◎ 自由散漫，对待工作有些漫不经心

90后员工对待工作有些漫不经心，面对任务，能拖延就拖延，能逃避就逃避，虽然渴望能够做一番大事业，却不够脚踏实地，缺乏敬业精神与责任感。如果没有足够的好处，他们是不乐意承担责任的。

如某大型电器企业人力资源经理曾说：“如今90后员工某些时候真是让人头疼，进入公司不到一年就想调岗。据我以及部门负责人的观察，他们暂时是不能委以重任的，但他们却非常相信自己。当问到他们项目出问题了，是不是该由他们来承担责任时，他们就会回避，甚至有些人还反问，‘公司还没有给我机会，又怎么知道我做得不好？而且一个项目出问题，不单单是我一个人的责任吧？’这让我无言以对。”

◎ 太过玻璃心，受不了批评

90后通常自尊心很强，要面子，渴望被重视，再加上从小生活环境优越，没受过什么挫折，因而心理承受能力较差。如果管理者稍微批评得严重点，他们就会受不了，会反驳回去。

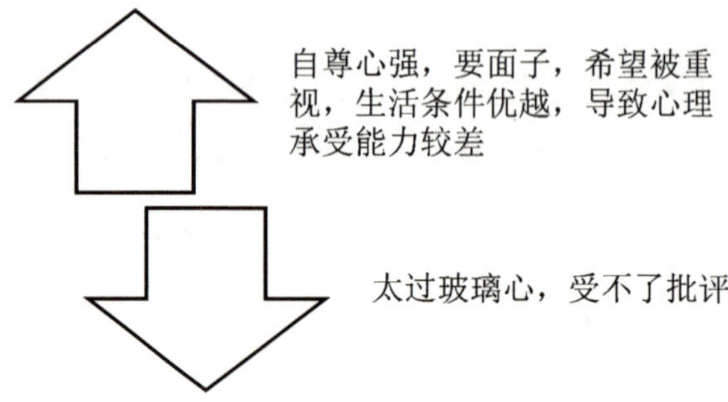

◎ 沟通能力较差，易打退堂鼓

90后对社交网络很熟悉，是QQ、Facebook、微博、微信等社交工具的老用户。他们虽然在虚拟网络上很擅长与人交往，但在职场中，他们的沟通能力却较差，极易产生挫败感，稍有不顺就会打退堂鼓。

◎ 选择机会多，不重视工作

虽然如今每年的大学毕业生很多，但总体来说，90后所面临的职场环境比80后要好一些，可供选择的机会很多。因而他们没有那么重视工作，反而会考察工作是否符合自己的要求。如果不符合，那么他们就会选择其他工作机会。

职场竞争很激烈，说到底职场竞争是职场人士个人综合素质的竞争，素质不行，职场发展空间也有限，这一点无论是70后、80后，还是90后都是一样的。如果90后想获得长辈、管理者的认可，那么就要改善上述不良习性，做一个爱岗敬业、认真优秀的员工。职场不会给一个只谋求自身利益和形象、以自我为中心，以自私为半径的员工太多的机会。

90后的个性、职业追求与工作状态Style

90后走进社会、步入职场，其个性特点和行为作风也颇受人们瞩目。人们想知道90后在职场中的表现。

有位90后职场新人比较幸运地被一家世界500强企业看中，可谓是意气风发、前途无限，为自己的职场生涯开了个好头，不过出乎人们意料。这位90后只在公司工作了半年就辞职了。为何会这样呢？原因在于有次参加同学聚会，与一位同学交换名片，他发现该同学的头衔是区域经理，而他自己却只是销售代表，顿时觉得自尊心很受伤、很没面子，所以回公司后就辞职了。

从这个案例中，我们可以初步窥测90后的个性、职业追求，他们对待工作的态度与70后、80后差异很大，薪水不再是第一位的，反而心理需求占据了更重要的位置。因此，了解90后的个性、职业追求与工作状态的style，才能有针对性地实施人才管理，这已成为当下管理90后员工的要点。

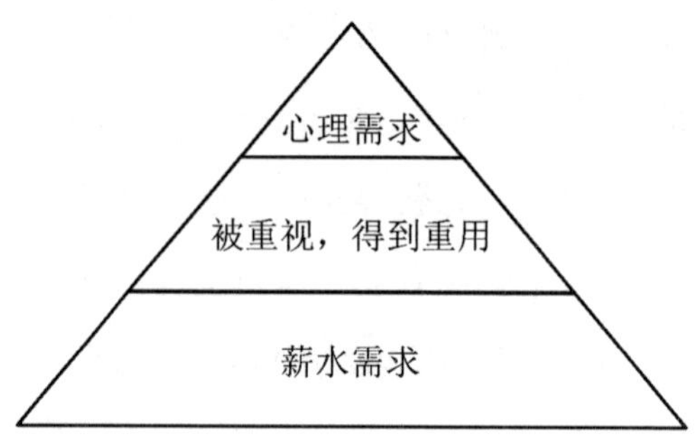

◎ 90后个性style

任何事物都有两面性。90后员工既有阳光积极的一面，也有消极被动的一面。阳光积极的一面有：他们乐于接受新鲜事物，对外界很好奇，积极、热情，学习能力和适应环境的能力都非常强。他们聪慧，能够举一反三，自身的知识储备也很丰富，兴趣广泛，爱交朋友，人际交往能力较好，其自身的积极向上极易感染他人，容易塑造团队氛围。

消极被动的一面则表现在：对工作有些敷衍，没有责任感；做事没有规划，且不能吃苦，抗压能力较弱；不服从管理，我行我素，嚣张跋扈；对工作挑三拣四，对不感兴趣的工作弃之如敝屣等。这些都是90后员工的标签。

积极的一面

- 乐于接受新鲜事物
- 积极、热情，学习能力与适应环境的能力不错
- 自身知识储备丰富，聪慧，举一反三
- 兴趣广泛，爱交朋友，人际交往能力不错
- 极易带动他人，对塑造良好的团队氛围帮助极大

消极的一面

- 敷衍对待工作，没有责任感
- 做事没有规划，且抗压能力较弱
- 不服从管理，我行我素
- 对工作挑三拣四，对不感兴趣的工作弃之如敝屣

◎ 90后职业追求style

调查数据显示：2011届本科生毕业3年内平均雇主数为2个，8%的员工有4个及以上的雇主，只有38%的人在毕业3年内仅有1个雇主，只有不到40%的人可以在同一个工作岗位上待满2年。

事实表明，90后员工的跳槽率很高，除了90后有活力、有想法，在快速发展时代中成长，希望职场上也能“高效率”，讨厌复杂、繁琐、拘束的制度与流程等自身原因之外，还有一部分原因在于传统公司的管理制度无法满足90后员工，让他们觉得不自由，因而有了离职的想法。

过去，员工是非常重视职业发展空间和薪酬福利的，如果有其他公司提供更为优越的条件，他们也可能会跳槽，不过他们通常会深思熟虑、精打细算，全面衡量跳槽成本。但对90后员工而言，他们关注的重点在于工作的趣味性、挑战性与自我满足感，更加注重自我价值的实现与精神上的所得。公司是否能留下90后员工，重点还在于公司所提供的岗位是否有趣味，是否能吸引到他们。不然即使福利丰厚也无法让他们留下来。

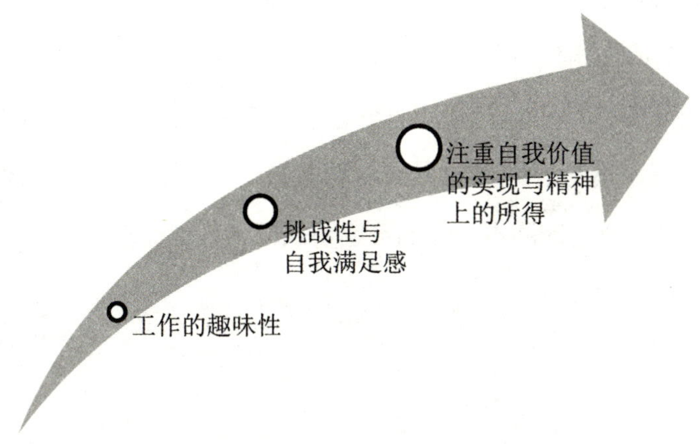

另外，很多90后不再满足于“专一职业”的生活方式，而是选择能够拥有多重职业与身份的多元生活。在自我介绍中，他们会使用斜杠来区分，如王大锤，文案策划/编辑/作家/产品运营。这类人也被称为“斜杠青年”。

调查显示，87%的90后希望或者计划创业，更有30%的90后已经开始行动。90后希望能创造更多的价值，能实现自我追求，他们认为与其给别人打工，倒不如自己创业，毕竟相比较打工，创业在创造价值与实现自我更高追求上更具优势。

所以在职场中，90后追求多元化，追求自我价值的体现，追求自我利益，注重自身的能力与价值，重视职场的前景。为了完成这种需求，90后敢于去创业、去吃苦，不在意一时得失，但如果长时间内创业无望，90后会悬崖勒马，换个方向重新出发。

◎ 90后工作状态style

90后在工作中很急于求成，但他们自身的能力却无法跟上，眼高手低，面对工作与其他人的教导，则显得不耐烦，总觉得“任务很简单，轻松就可完成工作”，会说“我已经懂得如何去做”，“这种任务就是直接给送分的，没啥难度”。另外，他们非常讨厌从基层做起，更讨厌按部就班，不喜欢踏实地工作以积累知识与经验，对他们而言，不存在“水到渠成”这回事。他们希望刚入职场，就能在短时间内迈入公司的管理层。

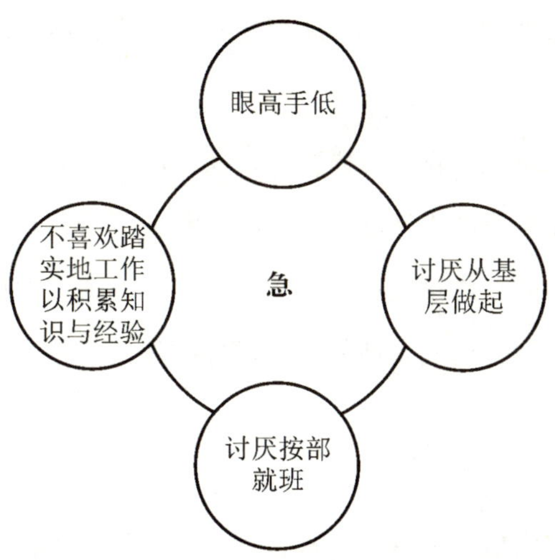

这也许是因为他们从小就在互联网上接触各类成功人士，看过很多成功人士的自传、听过众多的演讲与创业故事，也看到了成功人士的轻松与自在，让他们以为获取成功是非常简单的，而事实上任何成功都并非偶然。成功背后所需付出的代价是他们难以想象的，也是他们当下无法承受的。

作为伴随互联网长大的群体，90后员工管理已成为当下企业的核心议题。90后具有鲜明的性格特征和行为特征，管理者应根据他们的特质，改变传统的管理模式，营造企业归属感和安全感，满足他们对职场的需求，从容应对90后迈入职场所带来的挑战。

90后员工的管理禁忌

管理90后员工不是一件容易的事情。因为相比管理80后员工，管理

90后员工的禁忌更多，一不小心就容易惹到他们，给管理工作带来极大的不便。

对90后员工而言，有时对错并不重要。即使你是管理者，仍需用正确的方式来阐述事情，不然即使你说的都对，但是方式不当，在他们看来就等于你是错的。你没能让他们意识到问题所在，他们没有被触动，还是延续以往的行为模式，他们不认可你的说法，也就不会按照你的建议去做。

下面是几个较为常见的管理禁忌，是管理者需要注意的。毕竟唯有知己知彼，才能针对性地做好管理，调动90后员工的积极性，发挥他们的潜力，使之成为得力的助手和干将。

用“过来人”的方式教导90后员工

强行组织90后员工参与集体活动

老拿梦想谈事

不尊重90后员工的时间观念

不懂得引导90后，发挥其创造力

觉得90后过于叛逆而采取强势管理

◎ 不要用“过来人”的方式教导90后员工

作为互联网的“原住民”，90后从小就从网络上接触到多元化的讯息，他们懂得各类知识，虽然可能不那么精通。如果你本身没有太拿得出手的成就，就不要将自己包装成“成功人士”“人生导师”，更不要以这样的身份去管理90后员工，否则，也许在你看来很光鲜的形象，在他们眼中则不以为然。“管理者又在拿过去的成就说事了，就那么点破事，翻来覆去说了几百遍，烦不烦。而且等到他这个年纪，我的成就肯定会远远高于他的，他还让我跟他学习，这确定不是在跟我开玩笑吗？”

在网络上，90后已经阅读过太多成功人士的故事了，比如国外的卡耐基、乔布斯、松下幸之助、稻盛和夫等，国内的马云、马化腾、俞敏洪等，这些大佬们的故事都被他们视为等闲，作为管理者的你，又何必以过来人的方式教导他们。

◎ 不要强行组织90后员工参与集体活动

在职场中，“集体主义”是个非常正能量的词汇，但在90后意识中，更加关注的是自我，而不是集体。

70后、80后还会注重人情世故，会觉着“人多力量大”“集体才能办大事”，即使当个人利益与集体利益冲突时，也会毫不犹豫地选择集体利益。而90后不一样，他们所处的生活环境很优越，没必要因为物质而屈从于某个集体。他们更加注重自我，更看重独立性，即使他们独自一人也能从互联网上找到乐趣。

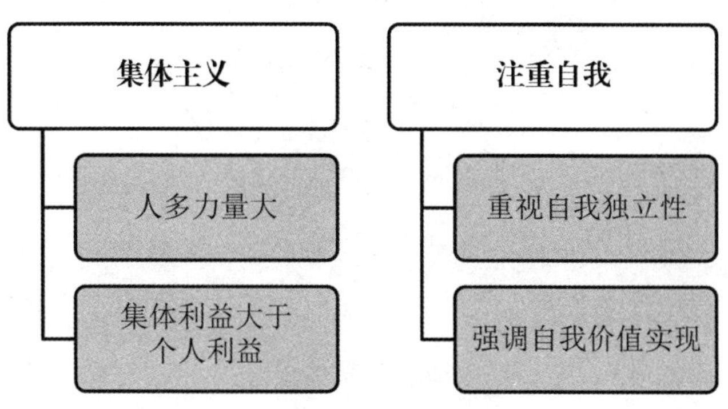

如果你想组织他们去做活动，则经常会遭到他们的抵抗，也许他们不会太过火，但毫无疑问这会损害你在他们眼中的管理者权威。

“好好的周末，可以去看周杰伦的演唱会，干吗非要参加公司的联谊活动？而且还有拔河这种老土的活动！”

因此，不要强行将90后员工组织起来，过去那种通过参与集体活动提升集体荣誉感的做法正在逐渐失效，且这些做法对90后员工而言意义不大。当然，如果你真的想将他们组织起来，那么事前可先征求他们的建议，尽量不要强迫他们参加，否则只会带来更多的抵抗，引起更多的90后员工反感你，甚至厌恶你。

◎ 少拿梦想谈事，多谈价值

很多管理者很擅长拿梦想来说教，但作为互联网“原住民”的90后，他们在网络上看过太多的起承转合的故事，他们生来就带有自我怀疑，什么所谓的期权、股权、改变世界、财务自由等，压根很难说服他们，倒不如留着这些话去安慰70后、80后们。

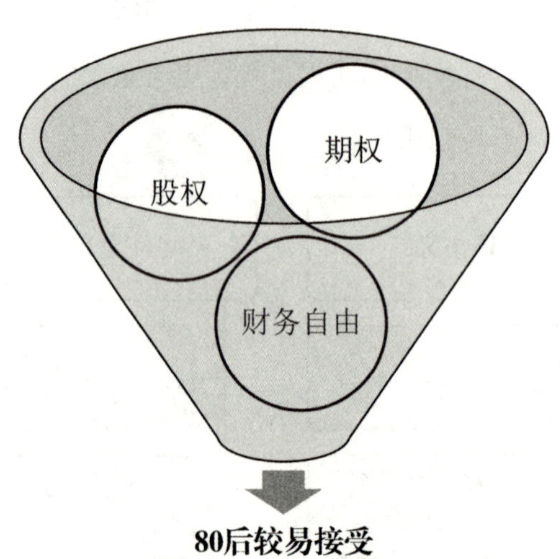

与80后不同，90后多半希望有朝一日解甲归田，开个小小的门店，每天顾客不用太多，优哉游哉赚些钱的同时享受生活、快活人生。并非每个90后都雄心壮志，希望成为马云，而多数90后选择创业也只是为了实现自我价值和获得自由。

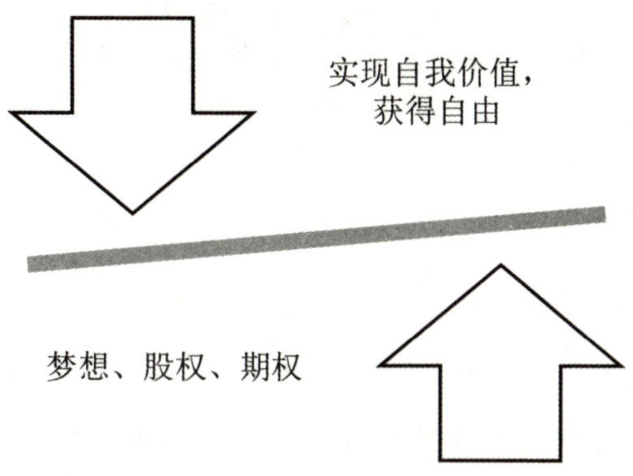

相对80后重视梦想、股权、期权等，90后更重视价值，不要给他们灌输过多华丽的梦想，也别用KPI和其他指标来压他们。只需阐明所做之事的意义与价值，让他们觉得自己的工作是有意义的，自己的付出是有价值的，他们就会积极努力去完成任务。

◎ 尊重90后员工的时间观念

一寸光阴一寸金，珍惜时间已是全人类的共识。对70后、80后来说，不浪费时间并不现实，因为他们的等级、层级观念很强，他们很多人完全不会隔离工作时间与私人生活时间，甚至一天24小时不关机，随时等候公司的召唤。

而90后是伴随着互联网与移动电话长大的，实时同步变得简单可为，他们能够快速知道地球另一端所发生的事情，他们很讨厌“异步”

的事情，比如冗长的审批过程、长时间却无意义的开会等，他们渴望能直接接触“答案”，尽管这个答案可能是错误的，但他们希望能接近“实时同步”。

如果你希望90后员工做些“异步”的事情，则会让他们感到烦躁，比如让他们去做些不擅长的事情。

“小孙，帮我处理下用户发现的Bug。”

“这个我又不擅长，你直接找技术部门安排一个人去做就行了，他们很擅长这个。”

“小孙，今天下班后晚点走，咱们开会讨论明后天的方案。”

“明后天的方案明天不能讨论吗，下班后是我的私人时间。”

因此管理者要注意这些问题，要了解他们对时间的认知，在此基础上，合理安排他们的工作时间。

◎ 引导90后员工，充分发挥其创造力

90后自小浸染在互联网中，视野得到很大的开拓，吸收了很多知识，其知识储备远超管理者的想象，而且他们不墨守成规，具有极强的创造力。

但90后的创造力就像是一柄双刃剑，需要有人来引导，才能发挥正面作用。你必须了解他们，知道他们的性格、爱好、style，并鼓舞他们

积极发挥自己的创造力，更好地解决工作中出现的问题。

某公司曾招聘了一位90后，他性格比较内向但却天资聪慧。有一次，领导跟他讨论一个营销方案，滔滔不绝讲了半天，他却没什么反应，像是没听进去。领导只好想办法让他放松，找到更好的交流方式，在沟通中得知他对影视很感兴趣，于是鼓励他将营销方案与影视结合起来，希望他发挥创造力，提出一个具有创新意识的营销方案。

后来，他将营销方案与网络剧挂钩，直接在网络剧中植入广告。与电视剧相比，这种植入费用较少，且网络剧的观看群体以年轻人为主，这与公司产品的主要消费群体相吻合，可以说这一方案很优秀。这个营销方案后来由他负责执行，他很主动和积极，在工作中任劳任怨，创造性地完成了工作，实现了自我价值。

◎ 针对90后员工思维特征开展管理工作

很多人认为90后很叛逆，其实这是个误会。90后骨子里的“叛逆基因”很少，他们出生于新时代，各种规则已初具雏形，且在他们的成长过程中，这些规则已然成型，他们的成长过程也是适应规则的过程，因此他们可能更适应新时代的规则。

很多人认为90后不成熟，内心太过脆弱，接受不了批评。但实际上之所以如此，是因为他们觉得与管理者“价值观冲突”，因而感觉与环境很不契合，心里郁闷。这也是很多人认为90后不成熟的重要表现，其实相对80后而言，90后要早熟得多。

90后不太相信稳定，反而更认同“不变的就是变化”，因此对他们而言当下的自由和快乐更为重要。如果管理者觉得90后太过叛逆，而采用较为强势的领导方式，就很容易引起90后的反感与抵抗。这对管理是极为不利的。

第2章　拒绝官僚——管理90后没那么难，需要改变家长制作风

从国情而言，中国家长制绵延数千年时间，即使现如今，也无人能拿出让人信服的证据证明，家长制已在文明社会中消失。事实上家长制仍随处可见，比如企业中的官僚作风，当崇尚自由、渴望实现自我价值的90后步入职场时，两者难免爆发激烈的冲突。

落伍的“家长制”管理作风

家长制，顾名思义是源于家庭、家族等血缘群体和亲缘群体。在母权制和父权制的家庭中，家中大权就落在家长一人手里，这是绝对权力，是其他成员都必须严格遵守的。由于实行非正式控制原则，在管理上多数无章法，只依靠习俗、家长的个人喜好、习惯等，而习俗有很多不合理之处，家长的个人喜好、习惯又并非一成不变。

在封建社会时期，帝王甚至将国家看做是私人拥有，治国上也采用家长制管理，帝王拥有绝对权力，其他人必须服从。随着社会群体规模的扩大，此类管理也应用到更宽广的范围里，包括逐渐兴起的店铺、行业工会和手工业作坊等。

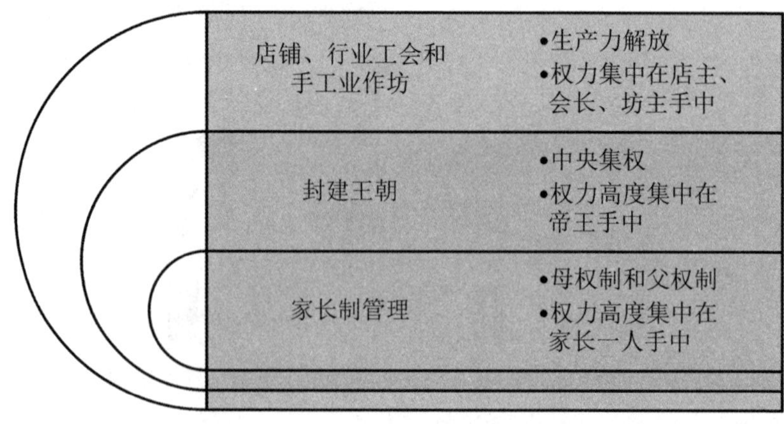

综上所述，家长制是社会生产力低下、文明水平较低、社会分工尚未明确细化、群体规模较小、结构简单的社会环境中的一种简便的管理

方式。在传统社会中，这种管理方式有其光明的一面，如提高家族成员的凝聚力，以集体的力量来对抗不利要素。随着现代社会组织和现代工业社会的出现，生产力得到极大的解放，个体也能在社会中很好地生存时，对家族的依赖性逐渐减少，家长制的管理方式逐渐落伍、被淘汰，但至今仍有些残余出现在某些社会组织中。

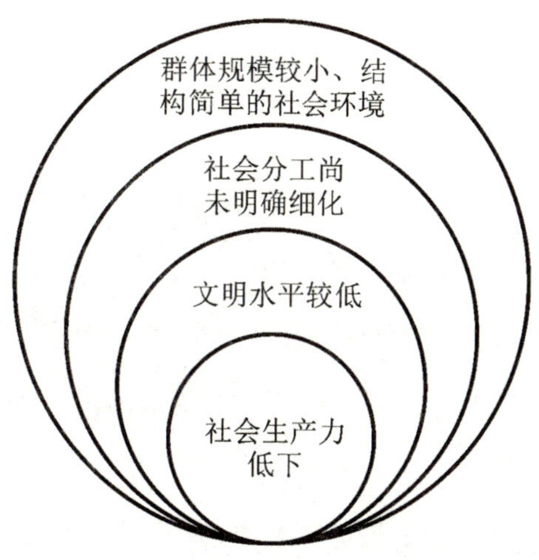

在公司中，家长制的管理作风体现在四个方面：管理者权力高度集中；组织管理侧重主观意志；任人唯亲；领导终身制，缺乏更换领导的机制。

◎ 管理者权力高度集中

公司的重大事项或者大部分问题的裁决权都集中在管理者手中，不会进行授权，员工只能被动接受，要屈从于管理者的个人意志支配，其典型表现形式为个人独裁制。对90后员工而言，这是无法忍受的，他们需要一个相对开明、民主的公司，能自由表达自己的见解，而不用担忧管理者的权威镇压。

90后员工是个非常重视交流、重视民主与开放的管理文化的群体。他们多数人认为与公司是雇佣关系，这一点与过去公司所提倡的忠诚企业文化不同，管理者要意识到这些，及时改变观念，更新管理方式，引导他们遵守公司的各项规章制度。

◎ 组织管理侧重主观意志

由于权力高度集中在管理者手中，因此，公司日常的工作等都直接受到管理者个人意志的影响，包括直觉、个性、习惯、经验、喜好等，也许公司有制度，但对权力高度集中的管理者而言，那不过是一纸空文。最让90后员工难以忍受的，是公司缺乏明确的责任与权力分工，没有稳定的组织结构，呈无序、散漫的状态。由于责任不明，公司员工经常互相推诿、不负责任，导致公司效率低下。

90后员工思维较为活跃、创造力强、个性鲜明张扬，喜欢富有新鲜感且多样性的工作，应根据90后员工的这些特质，分配给其具体的任务，也要敢于授权，让他们担当要职，以激励他们的创造力。

◎ 任人唯亲

在用人上，过于重视与自己关系密切的人，以与管理者感情亲疏远近作为评定员工才能的标准，将所谓的“自己人”安置在重要岗位上，造成大量的不称职员工占据管理职位，存在任人唯亲、管理职位冗杂的痼疾。对“嫉恶如仇”的90后员工而言，这是难以接受的，他们是不会服从这种管理者的管理的。

◎ 领导终身制

管理者始终占据高位，拥有绝对权力，而员工则缺少上升通道，即使作出很多贡献，依然改变不了基层员工的身份。长此以往，必然遏制员工的积极性与创造性。而90后倾向于在短时间内跻身于公司管理层，公司缺乏升职体制无疑大大打击了他们的积极性。

家长制管理最显著的特点是将自己的意志强加给员工，特别是一些私营企业，如果员工做错事，那么就要罚款，认为罚款可以让员工印象深刻，下次不再犯。但结果却通常事与愿违。员工认为做多错多，是种负面激励，因而会抵制和厌恶。就如同过去家长包办婚姻以为会让子女幸福，但却忘了这不是子女选择的幸福。

因此对待90后员工，不要采用家长制的管理作风，不要像家长对待孩子那样对待他们。与其逼着员工去做他不愿意做的事，倒不如用心创造一种做事的团队氛围，身处这种环境中，如果员工不做事，会感到不好意思。也就是尽量引导员工而不是命令员工。这才是管理的正道。

每个人生来平等，都有张扬个性、选择与被选择的权力，作为受自由主义影响甚深的年轻一代，90后更倾向于自由自在的工作氛围，而不是大包大揽、等级森严的家长制工作氛围，何况在新互联网经济时代，家长制这种有远古遗风的管理模式早该淘汰了。

任人唯亲宗派式官僚主义

熟悉《三国演义》的读者对“诸葛亮挥泪斩马谡”这一故事很熟悉。在刘备尚未过世时，曾言马谡“言过其实，不可大用”。但是，由于诸葛亮在早年期间与襄阳籍马良兄弟交好，因而对马谡情若父子（谡临终与亮书曰：“明公视谡犹子，谡视明公犹父”），不惜违背刘备的遗愿，任人唯亲，重用马谡。“建兴六年，亮出军向祁山。时有宿将魏延、吴壹等，论者皆言以为宜令为先锋。而亮违众拔谡，统大众在前，与魏将张郃战于街亭，为郃所破，士卒离散。”马谡无大才，担当大任的结果是“进无所据，退军还汉中，谡下狱物故，亮为之流涕”，之后上演了一出让人无奈的“挥泪斩马谡”千古悲剧。而蜀军退守汉中，丧失北伐之利，第一次北伐以丧师杀将结束。

诸葛亮被人们认为是智慧的化身，但有时却难免为情所惑，正如重用无大才的马谡，这就是任人唯亲，最后导致兵败。其实诸葛亮也难辞其咎。

词典中对“任人唯亲”的解释：用人不问其德与才，只挑选与自己关系亲密的人。而与选人者关系密切的人又是有限的，因此导致组织缺少广泛的人才支持。任人唯亲导致的祸端屡屡出现，成为管理中的一个大忌。

任人唯亲的现象很常见。由于受传统文化和家天下等观念的影响，国内企业在管理上任人唯亲依然是当下众多管理问题中较为突出的一个，民营企业较为严重，国有企业、集体企业中也不罕见。在不少企业中，与管理者有关系的人，如七大姑、八大姨都能依靠关系把持着企业的重要职位，甚至包括财务、人事等大权。尽管这些人可能才能有限、业绩平平，但却在企业中担任要职、薪酬丰厚，凭借关系在公司里颐指气使、发号施令。

而90后天生不畏惧权威，敢于为公平畅言，他们眼里揉不下沙子，对此类事件深恶痛绝。在他们眼里，这属于宗派式官僚主义，其表现有：目无组织，结党营私；任用私人，互相包庇；封建关系，派别利益；个人利益重于集体利益，小私损害大公。

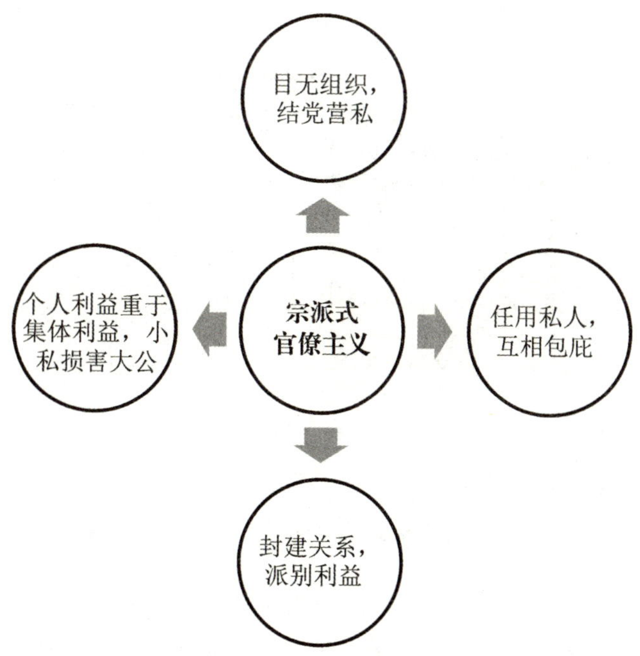

现在企业的新进员工多为90后，这种宗派式官僚主义不仅给企业带来严重的负面影响，而且也影响了90后员工的前途。在这种管理模式下，必然导致人心涣散。有才能的90后员工得不到重用，自然就会怀有异心，一有机会就会远走高飞。即使暂时无法离开企业的，也不过是“身在曹营心在汉”，效率低下，敷衍对待工作。长此下去，企业必然元气大伤，甚至一蹶不振。

“亲”者如果能力与德行皆具备，则属于“举贤不避亲”的范畴；如果管理者任用“亲”者，是为了实现个人利益最大化，或者巩固自身的权力，就是损公肥私。任人唯亲会给管理带来很多问题，尤其是当德行、能力较差的人成为企业的核心成员时，则会影响到企业的氛围，影响到刚入职或入职不久的90后员工。

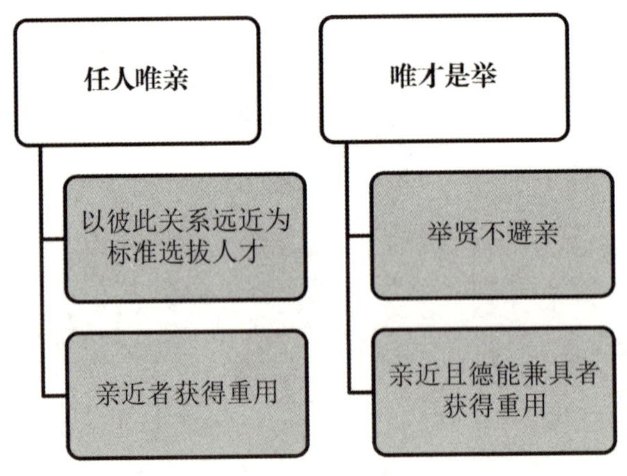

张科毕业后在一家较有名气的私营软件公司工作。入职后他才发现，虽然这家公司名声在外，过去也做出不少知名的软件，但公司任人唯亲的现象较为严重。仅他所处部门的一个小主管就安插了两位亲人，不用干活，拿的薪水比张科还要高。而且张科发现，公司的成就多是过去取得的。近些年来，公司没有什么可拿得出手的东西，张科认为这种情况还会持续恶化。由于任人唯亲，管理者将很多脏活、累活都安排到他这里，他辛苦工作，所得薪水却不如那些整天悠闲的“亲人”。他曾就此向管理者反映，管理者却只是敷衍，说会解决这个问题，却迟迟不去行动。无奈之下，张科只好递交了辞呈，因为在这种管理模式下，公司注定是无前途的，个人价值又得不到体现，待下去也没意义。

用人、管人向来是管理中的重要课题，也是事关企业兴衰成败的重要因素。在管理中要“风物长宜放眼量”，要着眼于企业的可持续发展，着眼于企业利益，克服自身管理上的狭隘和利益诱惑，克服任人唯亲的偏向，要建立公平的竞争机制，对待所有的员工（包括与自己关系亲密的人与非亲密的人）都要一视同仁，要任人唯贤、唯德，以能力高低来任用人才，确保员工才能得到发挥。唯有如此，才能建立起相互信任、顺畅沟通的文化氛围，才能调动员工的积极性与创造性。90后员工在创造、思维上都极具创新意识，而公平、公正的用人环境能够充分发挥他们的潜力，使企业能够生机勃勃，保持较强的竞争力，为企业持续发展奠定坚实的人才基础。

强迫命令式官僚主义

在第三次革命浪潮的洗礼下，当下社会结构正在网状化，企业组织也日趋网络化，追求自我、崇尚自由的80后和90后逐渐成为企业人力资源的主体，以往那种集权式管理方式正在加速沉没。对于年轻的一代，要采用西方企业民主管理方式，从价值观、愿景、梦想等大的方向驱动员工，而不是采用强迫命令式。

命令式管理具有强制性，一旦命令下达，无论员工是否愿意，都会被要求强制去执行，是种约束力很明显的指挥方式。这种管理模式建立在员工畏惧或恐惧管理者权威的基础上，但这种管理方式实施的土壤越来越少，90后员工很少会敬畏管理者权威。因而这种管理方式已经落伍了。而且命令的强制性其效应是不同的，在政府系统中效应最高，到企业时已经减弱了很多。

其实这也是官僚主义的一种，其特征为：管理者采用单向沟通方式，以命令形式向员工部署任务，可能还会有完成任务的流程和方法；员工不知道企业的整体目标和愿景，只是被迫服从安排；管理者和员工很疏远，而且管理者通常不参加集体活动；在管理上仅凭借个人经验、喜好以及对员工的单方面了解等，然后对员工的表现作出评价。

强迫命令式官僚主义

- 单向沟通，以命令形式部署任务
- 员工不知道企业的整体目标与愿景，被迫服从安排
- 管理者与员工疏远
- 管理上过于依赖个人喜好、经验等
- 管理者不参加集体活动

其具体表现如下图所示。

- 狂妄自大、骄傲自满
- 主观片面，粗枝大叶
- 不抓主要业务，却泛泛空谈
- 不听取员工的建议及反馈，蛮横专断
- 有时未考虑到企业运营的实际情况，胡乱指挥，造成恶劣后果

此类管理方式，管理者与员工间只是简单的服从与被服从、指挥与被指挥的关系，双方很难建立更为融洽的关系。感受不到被重视，对90后造成的压抑很大，即使有想法也不会说出来，灵活性受到很大限制。员工们不能按自己的意愿行事，会逐渐丧失责任感，甚至有员工会采取不合作的态度。

作为90后大军中的一员，胡德胜在大学毕业时，选择了去一家大型生物制药公司。这家制药公司名气很大，生产很多国内知名的药品，以往在电视、自媒体上经常可见到公司的广告，胡德胜为自己成为公司的一员而骄傲。但入职后，他感到有些不适应，他的直接管理者采用的是强迫式命令方式，每天直接发布命令，然后员工去执行，不要问什么。这种管理方式让他感觉不到被重用，虽然每天都按照要求去工作，但苦恼却与日俱增。

某天，胡德胜被管理者安排去外面跑业务，他不解，于是说：“我应聘的是文案岗位，跑业务不在我的工作职责内。”管理者却说：“这是我的安排，作为员工，你服从就好。”胡德胜闷不出声，管理者接着说：“按我的要求做好，不然业绩会不好看的。”胡德胜虽心有不甘，但仍默默点了点头。

这次出差回来后，胡德胜越来越郁闷，自己有很多创造性完成任务的方法，但却只能按照管理者的要求去做。他觉着自身价值得不到体现，长此下去，也无法施展个人才能，按部就班地服从命令将严重影响自己的成长速度。尽管公司待遇丰厚，他思虑再三后还是选择了辞职。

如今，90后已成为职场中基层劳动力的重要来源，为职场增添了很多活力，正在快速成长中的他们将成为未来社会及企业的主力。他们自我意识更强，追求实现自我价值，追求成就感，渴望获得尊重与重视。

他们思维活跃、工作能力强，不过只有能够让他们自由发挥、并能在工作中获得成就感时，他们才会愿意主动去工作，但其主动性较弱，需要激励。如果采用强迫式命令管理，则较易引起他们的反感，给管理工作带来障碍。

不要只是命令员工去做，尤其是强迫式命令。虽然员工服从命令是应该的，也是其职责所在，但如果采用强迫式，员工难免有逆反心理，就不会全身心地对待工作。长此下去，对公司带来的损害将是难以估量的。

命令式管理能很好地体现管理者权威，但实质上是官僚主义的表现。这类管理者通常过于强势、爱好权力、好面子，尽管他们的能力也很强，但如果不能激发员工潜力，发挥员工的主动性，个人能力再出众也无法面面俱到。何况如今随着岗位细分，合作变得越来越重要，管理者必须要依靠员工的力量，才能维持企业可持续发展。

主观臆断式官僚主义

在职场中有种忙碌型的管理者，他们每天从早到晚忙忙碌碌，每时每刻都像是忙于工作，辛辛苦苦却毫无怨言；做事情常常依靠主观情绪，未做调查便开始处理事情；很少准备发言稿，想到哪里就说到哪里；工作也毫无章法，不研究对策，不依靠员工，甚至盲目单干，出现很多“吃力不讨好”的情况。

90后员工对这种管理者，一开始会尊重他，觉得他兢兢业业、不辞辛苦，让人肃然起敬。但时间一久，就会发现这不过是表面现象，管理者之所以如此忙碌，可以说是他自己造成的，也就没人再尊重和敬重他，而是觉得他是自讨苦吃。

这类管理者在管理员工时，通常也会要求员工跟他一样兢兢业业，以工作为重，甚至每天都要加班，无论是否有加班的需要。但在安排任务时他们有个显著的特点，即只是简单地说下任务，却常常忘了交代任务的背景、完成计划以及时间，因而导致工作中很多矛盾都因此而起。

如下面的一个场景：

管理者："辛苦了。接下来你要完成这个任务。"（然后递给员工一个材料本）

90后员工："好的。"（拿到材料本，走出办公室）

N天后，管理者将员工喊到办公室。

管理者："任务完成得怎么样了？"（询问工作进度）

90后员工："啊，我还在熟悉材料，尚未开始处理任务。"（偷了些懒，熟读材料要几天）

管理者："这几天你跟我一起加班处理这个任务吧。"

90后员工："好的，我会努力的。"（我为啥要加班啊）

N天之后，场景重现。

管理者："任务完成得怎么样了？"（询问工作进度）

90后员工："啊，我刚开始处理任务，还未熟悉。"（偷了些懒，既然没期限就慢慢处理吧）

管理者："（震惊）可是客户要求明天就要完成。"

90后员工："……"

管理者："未能按时完成任务，你就等着被处罚吧。"

90后员工："可是，一开始您也没交代具体的完成时间啊。"

管理者："我交代得很清楚了。"

90后员工："您真没交代清楚。"

如此，员工与管理者之间就起了冲突。管理者认为自己交代清楚了，而员工则坚持认为管理者未交代清楚，更重要的是任务显然无法按时完成了。造成这种状态的最主要原因就在于主观臆断式官僚主义。

管理者在交代任务时没有具体的规划，员工也就以为任务不急，因而会放慢完成速度，导致任务无法如期完成，而管理者却以为任务交代清楚了，引发矛盾。

在这种情况下，管理者应该像下面这样处理。

管理者："辛苦了。任务完成得怎么样？进度达到50%还是60%了？"

90后员工："任务我还未开始呢，只是在熟悉资料。"

管理者："这样下去可不行，恐怕无法如期完成任务。能不能加快进度呢？我知道你很辛苦很努力，相比我刚工作时，你的工作环境要好很多。如果有不懂的，可以来问我。先尽力快速完成工作，好吗？"（既是慰问，又表明让员工加快进度）

90后员工："好的。"（对资料已经很熟悉，可立即着手工作）

管理者："客户要求3月3日完成，有困难吗？"（试探性询问，看一下员工态度）

90后员工："事实上，我看过材料，任务起初阶段不难，但后期难度很高。"

管理者："很困难吗？你先尽量完成前面的，然后尽快来找我，到时我们一块商议下对策，确保任务可以如期完成。"

要想纠正主观臆断式官僚主义，管理者首先应明确效率为先，要保质保量完成任务，而不是纠结任务用时的长短；其次要有规划，要有步骤，懂得依靠员工的力量，在处理工作时要讲究章法，找出科学的处理之道，尽量做到事半功倍；然后做事要对事不对人，减少主观情绪带来的影响。

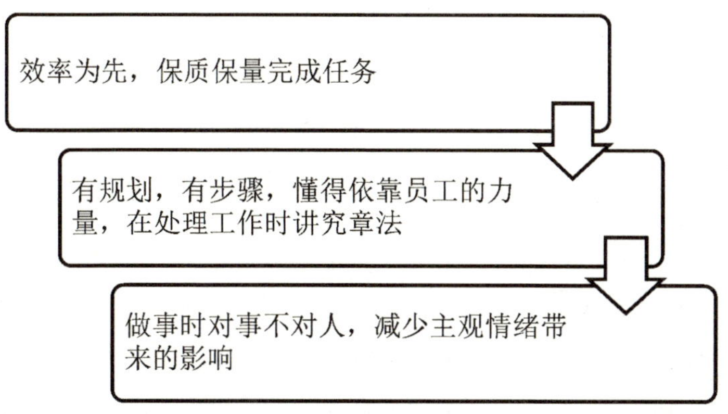

如员工未如期完成任务，管理者询问："为什么你就是完不成呢？"类似这样的措辞是将焦点放在人身上，会让员工有被责备之感，导致情绪紧张，只想着逃离现场，这就是主观情绪导致的。如果询问："未能如期完成任务的主要原因是什么？""有哪些问题阻碍任务如期完成？"这样的措辞是将焦点聚在事件本身，不会让员工有被责备之感，双方也就能针对这个问题谈论下去，找出阻碍任务如期完成的要素。

只有摆脱主观臆断式的官僚作风，才能大大提高管理能力和管理信心，才能掌控全局，而且会发现90后员工也没那么难管理，这对管理者与90后员工而言可谓双赢。

放下架子，与员工平等相处

拿破仑是著名的军事家、政治家，是法兰西第一帝国的缔造者，是属于历史上褶褶发光的大人物。有一次，拿破仑很得意地对秘书说："布里昂，你将在历史上留名。"布里昂不了解此话的含义，拿破仑解释说："你可是我的秘书。"言外之意是布里昂沾拿破仑的光因而留名青史。但布里昂并不认可这种说法，他反问："请问亚历山大大帝的秘书是谁？"拿破仑没能回答上来，但也并未因此而恼怒，反而以开阔的胸襟为布里昂的反应叫好。

亚历山大大帝也是名垂青史的人物，但却很少有人知道他的秘书是谁。这个问题让拿破仑明白了自己的失误。

其实这种场景在职场中很常见：很多管理者自认为高员工一等，盛气凌人、颐指气使，短时间内员工或可服从，但久而久之，与员工间的冲突难免会爆发。拿破仑对布里昂的态度，其实就是盛气凌人，因而触动后者出口反驳。职场中虽然有职位之分，但并无高低贵贱之别，谁也不会比谁高一等，即使是企业家也没有对他人颐指气使的权力。

在与员工沟通时，应将对方置于同等地位，将他们视为自己的朋友，用心去沟通，平等相处，而不要摆架子，要平易近人、和蔼可亲。而且平等的思想要发自于内心，因为人的行为是受内心影响的，即使管理者表面上好像平等对待员工，但只要其内心仍觉得高对方一等，早晚会在行为上暴露出来。到时员工会识破这些把戏，给管理者的权威带来极大的负面影响。

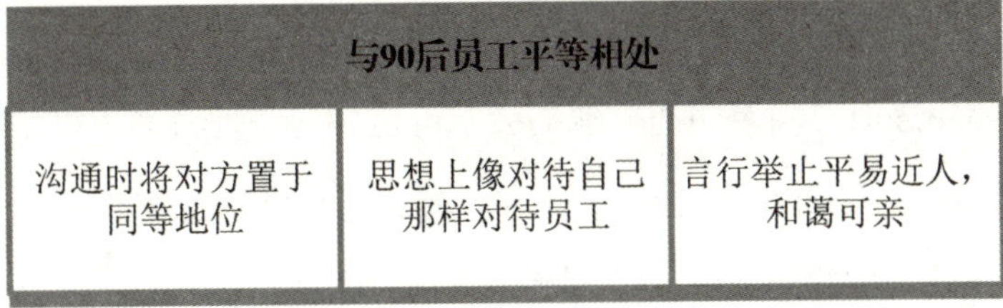

与员工平等相处，才能赢得员工的信赖与追随，让员工发自内心地认可，成为合格的管理者。这种状态下，公司的效率就会大幅提高，极具竞争力，从而在市场上获得更多的利润。反之，摆架子、鼻孔朝上，员工也会同样对待管理者，导致彼此离心离德，无法形成向心力、凝聚力，必然导致公司效率低下。长此以往，公司的竞争力将会大幅下滑，在竞争中处于不利地位。

管理者也许自身某些方面能力很优越，这本来是加分项，但如果摆出一副“我厉害”的姿态，即使拥有再优秀的能力，也无法赢得员工的尊重。不以管理者自居，将自己放在与员工同等的位置上，员工就会将领导视为“自己人”，双方就能在轻松愉快的氛围中交流思想，管理者可从中获得信息。比如管理上的一些缺漏等，毕竟身居高位，有些缺漏管理者不会意识到，但负责具体执行的员工则一清二楚。那么，就能及时填缺补漏，避免造成不必要的损失。

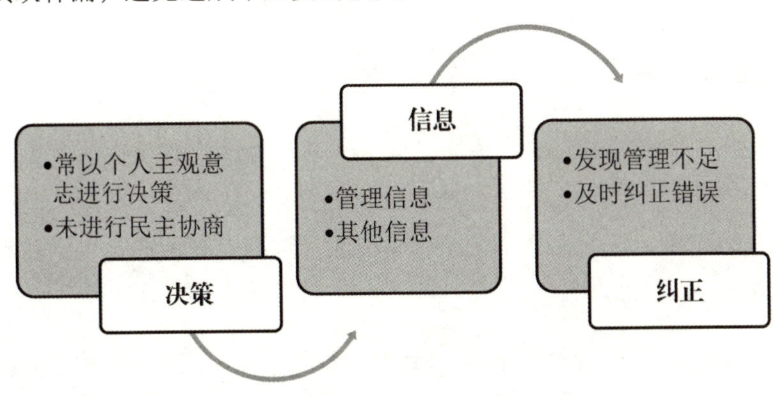

管理者颐指气使、粗暴简单、过于强硬，则让员工难以忍受，何况是视平等为原则的90后，脾气火爆者可能直接与管理者对峙，而性格温和者则心怀怨恨、阳奉阴违。他们会觉得这样的管理者面目可憎，不愿服从其管理，导致管理工作无法顺利开展，甚至影响公司的正常运营。

90后员工尊重那些平等对待他们的管理者，他们觉得对方身居高位，却与自己平等相处，没有博大的胸怀是做不到的。而生性散漫的他们很重视这一点，因而也愿意与这类管理者接触，搭建融洽的关系。

平等与员工相处，应做到以下几点：

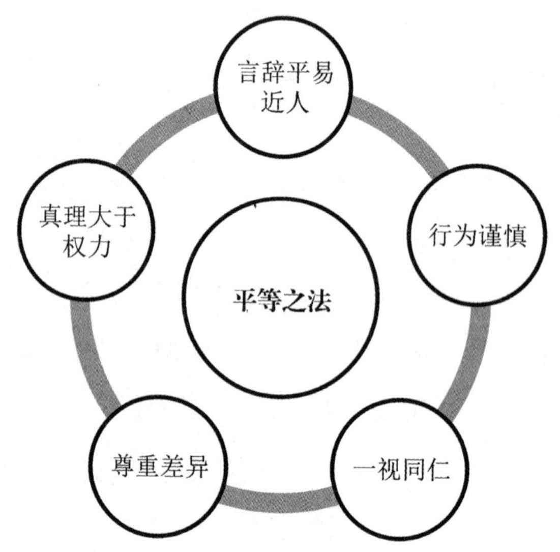

◎ 真理大于权力

管理者应坚持“真理大于权力”的原则，与员工相处，难免会有发生冲突的时候，这时应就事论事，将事实、道理摆在前面，谁的道理真则听从谁的。

某些时候，即使管理者意识到自己理亏，但碍于面子羞于承认，就会动用管理权力，让员工承认“错误”，违背“真理大于权力”的原则，此举会导致员工对管理者的信任分崩离析，要想重建信任则难上加难。

私底下员工间可能会传言“领导事大，我们事小”“领导说黑的也是白的”“胳膊无法拧过大腿”等，管理者威信尽失，这对后续的管理工作是极为不利的。

◎ 言辞平易近人

言辞乃心意传达，有什么样的心意就会有什么样的言辞。因此管理者应注意言辞上不要过于犀厉，而尽量采用平静、温和的语言，即使批评员工也不能直来直去，要注意措辞，让员工能接受，否则将拉大与员工的距离，无法形成融洽的人际关系。90后虽然喜欢沟通，但如果对方言辞不善，即使对方并无恶意，他们也会觉得不快，更何况当他们面对管理者时，内心早已谨慎对待，此时管理者言辞上的不善，可能会放大数倍。

◎ 行为谨慎

管理者应该有管理者的行为，但不能过于严格，太严则冷冰冰，没有人情味。冷冰冰的行为自然会给员工冷冰冰之感。合格的管理者深知管理和科研不同，科研追求严谨、精益求精，追求十全十美，而管理则侧重于投入产出比、效益最大化。后者做事认真，但也懂得并非任何事情都要追求完美。

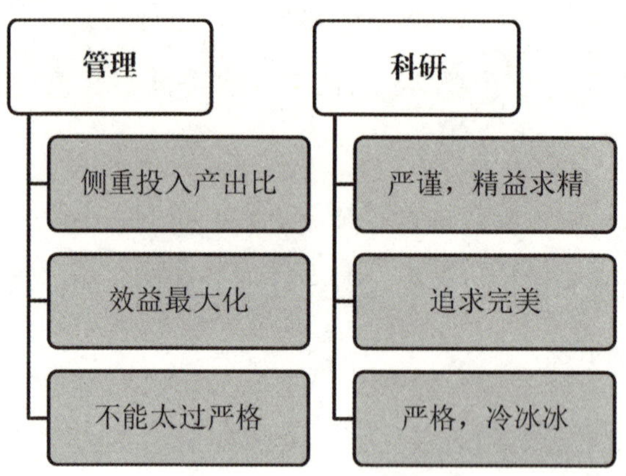

合格的管理者善于观察事情的细节，善于留意身边的人、事、物，他们通常会发现处于萌芽期的问题，并早早将其解决。不过虽然他们关注细节，但并不代表他们拘泥于小节，揪着员工的过失不放。

他们的行为显得很温和，而不是过于强势，他们深知让员工追随的并非他强势的行为，也并非是他手中的权力，而是领导力和自身魅力。因此他们的行为不会太过于强势，有时还会采用与员工商议的方式安排后续的工作。

◎ 一视同仁

对待员工要一视同仁，不能有偏袒。如果不能平等对待员工，则易引起员工抱怨，打击其对工作的积极性，导致其工作效率低下，无法按时完成任务。“公平”是管理之道中非常重要的一个词语，也是管理者应重点关注的内容。

当然，一视同仁也包括管理者自身与员工的一视同仁，员工犯错时会受到处罚，那么管理者犯错时也应如此。

◎ 尊重差异

90后讨厌千篇一律，而喜欢张扬自我，相比80后，其性格、行为、爱好、信仰等方面差异更为显著。但差异并非坏事，事实上由于每个人成长环境不同，再加上学历、经历、思考深度等不同，人与人之间难免会有些差异。作为管理者应尊重这些差异，如有些员工可能非常喜欢看动漫，而在某些年长的管理者眼中，这可能是有些“不务正业”的喜好。

只要这些差异并未严重妨碍完成工作，也不会给公司或者其他人带来损失且这些差异并没有违反法律法规，则应给予尊重，甚至可为他们提供必要的帮助。这是赢得90后员工追随的重要方法之一。

用建议的方式命令员工

下达命令是身为管理者最为常见的工作，几乎每天都会涉及。但命令下达也是有方法、有技巧的，有的命令员工会很好地去执行，有的命令员工会阳奉阴违，迟迟不去执行，导致任务无法如期完成，给公司带来损失。

某公司因忙于产品的更新换代，任务繁重，员工每天都忙得不可开交，办公室内显得有些脏乱。该公司的主管王德智看到后，很不满意，于是将办公室主任叫来，大声呵斥：“办公室这么乱，你还不赶紧收拾一下。限你十分钟内收拾干净，我一会再来检查。”办公室主任心有不满，他反驳道：“现在正处于任务的攻坚阶段，大家都很忙，谁有工夫在意办公场所脏还是不脏？”王德智哑言，想了想，这么说也有一定的道理，随即转身离开了。

不久后，部门总监张小龙来到办公室，发现卫生太差。他环视了下办公室忙碌的员工，然后找到办公室主任，轻声问：“最近大家都忙坏了吧？”主任回答说：“正处于攻坚阶段，忙碌是正常的，最难的问题已经解决了，剩下的任务倒也不是很急。”张小龙说：“我刚才一进办公室，就有个感觉——脏和乱，是不是应该抽时间清理一下？”主任说：“我也意识到了，我马上安排人打扫卫生。”一个小时后，张小龙再去办公室时，发现环境已经焕然一新，符合要求了。

王德智和张小龙对办公室主任所下达的命令是一样的，即清扫办公室，但结果却如此不同，王德智只能转身离开，而张小龙的命令却得到快速执行。为什么会出现这样的反差呢？

其原因在于王德智下达命令时过于强势，直接命令对方去执行；而张小龙则采用协商建议的方式，对方易于接受，因而命令快速得到了执行。

可以想象，在张小龙身边工作，一定会感到很轻松，他的命令也较易被接纳，建议的方式表达了身为管理者对员工的重视，维护了员工的自尊，使员工觉得自己被尊重，从而愿意去执行这项命令。没有员工喜欢强硬的命令方式，这让他们感到憋屈，尤其是当管理者采用这种方式对待90后员工时，一定会遭到他们的反驳。

作为管理者，可能会经常思考如何准确地传达命令，但却发现，这些命令并未得到很好的执行。经过思索管理者会发现，在下达命令时常常过于强势，如："小戴，尽快将这份资料核对完毕，明早上班前我要看到它出现在我的办公桌上，如果没有，你……"，"这份文件不合格，马上停下你手上所有的活，重做"，"明天要参加供应商大会，你尽快帮我订张机票，马上去做"。这种强势下达命令的方式，让员工觉得管理者在指手画脚、发号施令，将员工视为可唤来喝去的对象。没有人会喜欢这种命令的口气和颐指气使的架势。

作为管理者应该明白，自己所拥有的权力是职务带来的，而并非与生俱来的。员工并非对命令、工作不满，而是不满于管理者这种趾高气昂的态度。如果管理者希望命令得到快速执行，那么多用建议的方式而非命令的方式。如此，既下达了命令，又维护了员工的自尊，员工快速去执行命令、完成任务，表明管理者的管理工作做到位了，实现了双赢。

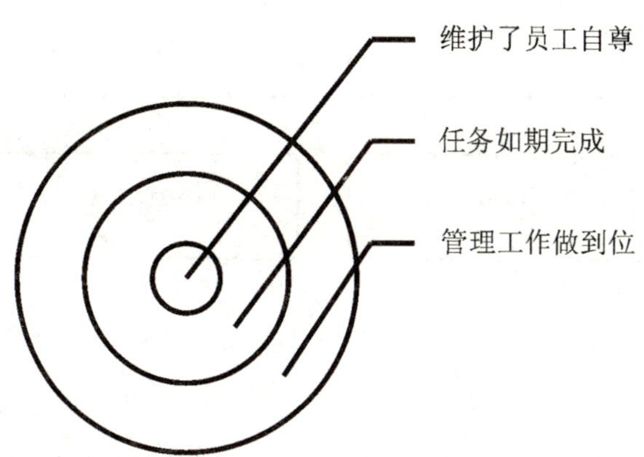

管理者要站在员工的立场去考虑问题，知道员工需要什么、在想什么，以及他们希望有怎样的管理，而非动用权势与威严去强迫人服从。

90后自由惯了，不喜欢被束缚，不喜欢被强迫。如果强迫他们去完成任务，即使他们去做，导致员工与管理者离心离德，带着“厌恨”心理去忙碌工作，其效果可想而知。

用权势让员工去执行命令，就要小心对方敷衍对待。因此应尽量采用建议的方式，不强迫员工接受自己的思维方式和工作方式，而是尊重员工，与员工商讨能解决问题且符合员工意愿的处理方式。

公司的成长离不开大量优秀的人才，尤其在知识经济时代，人才的重要性愈发彰显。作为管理者应“多一点言传身教，少一点权势压人”，“多点协商，少点强势”。传统家长制管理作风，以权势压人、强硬命令是不妥当的，总有一天会被权势反噬。

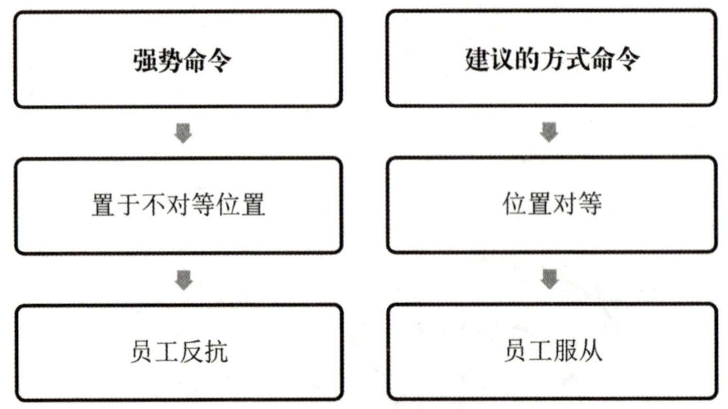

用建议的方式命令，表明管理者的真诚，表明对员工的信任，而并非是指手画脚、强硬干涉员工的行为。强势命令是传统官僚作风，是将自己与员工置于不平等的位置上对话，不平等就会有压迫，有压迫就会有反抗。这将给管理工作带来很多不便。而采用建议的方式则能避免这些弊端，赢得90后员工的尊重与支持，便于管理工作的开展，同时也能将团队打造成团结一心、不断向前的集体。

讲结果少说教——你要的是结果，操作是我的事

某家企业刚招聘了几名90后员工，公司的氛围由此焕然一新。在一次考勤时，有位90后员工迟到了。按照公司规定，迟到是要罚款的，迟到一次罚款5元，第二次迟到罚款10元，第三次迟到罚款15元……以此类推。管理者处罚这名员工时，员工当场问："迟到罚款可不可以包月？"管理者哭笑不得，不知如何作答。

随着90后步入职场，可以说如今职场中从业未满五年经验的员工中80%都为90后，这也给管理带来了难题。如何更好地管理90后员工，让他们快速成长，激发他们的工作热情已是当务之急。这些新生代们自我意识极强，有人将这些新生代员工称为"草莓族"，指像草莓水果般表面光鲜、坑坑洼洼很有个性，但质地却非常绵软，略一施压就会垮成一团稀泥。

90后员工很讨厌说教。在他们看来，管理者所要的只是结果，具体的操作过程则由自己负责，管理者不应过多干涉，只要结果是好的，何必非得按照管理者的那一套逻辑去做事呢？管理者虽然多具有丰富的经验，但经验有时也让他们显得较为"守旧"，不敢创新，而倾向于一些得到验证的、较为安稳的工作方法。

90后创新能力和创造力都很强，不会拘泥于传统的做法或者经验，他们必然要破除一些旧的东西，或者开拓新的领域、新的方式和工作方

法，相比传统方法，可能会有很多是颠覆性的。只不过在职场中，他们是规则的遵循者，而并非是制定者。

尽管在90后员工看来，只要按时保质完成工作，可以适度变通，但遗憾的是很多管理者并不这么认为。管理者担忧在公司内部没有规矩何以成方圆，如果都像90后员工那么做，公司很容易陷入混乱中，惹出不必要的麻烦。对90后员工而言，规矩是可以讨论的，而管理者并不这么想，既然是规矩，就表明是行之有效的。在出现问题时，他们会将责任归咎于员工，不断地说教，希望通过说教改变员工的思想与行为，但收效甚微。

90后需要的是可以自由发挥的空间，轻松自在的工作氛围，要在工作上给予他们一定的灵活性，让他们可以在遵守规则的前提下适度破除一些陋习，让他们更有动力去完成任务。主动积极，源于内在的动力，而非外在的工作压力。在面对自己喜欢的事情上，90后多数可以废寝忘食，不断地去尝试和试验。

“员工因为看好公司而加入，却往往因为他的直接领导而离开”，这是众多公司的共识，多数90后员工的离职可以说其直接领导“功不可没”。在离职谈话中，甚至有员工声称是管理者将自己逼走的，而那些留下来的90后员工，也明显受到管理者的制约和负面影响。

作为管理者应明白，当有问题出现时，首先是公司的问题，其次是管理者的问题，特别是员工的直接管理者的问题，剩下的才是员工的问题。员工所表现出来的负面言行不过是问题的外在表现而已，并非是问题的本质。

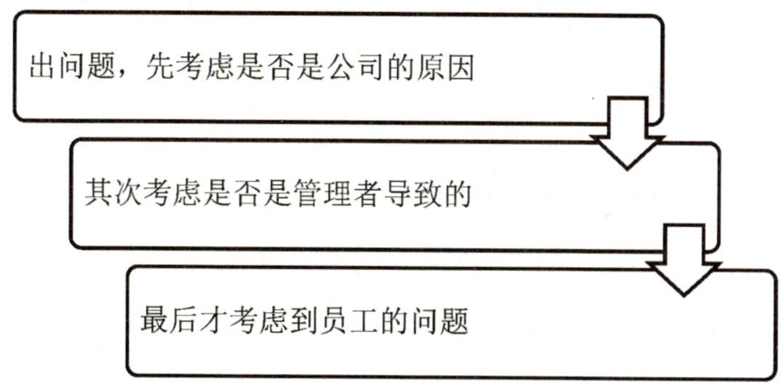

这也就是说，如果解决掉公司和管理层的问题，那么余下的问题则微乎其微，甚至构不成问题；要想解决员工的问题，前提是要解决公司与管理层方面的问题。而这样说还有个重要的意义，即帮助管理者调整心态。

当工作遇到问题时，管理者会采用与员工谈心的方法，过于说教，但却“一叶障目”，看不到自己心态上存在的问题，忘了可以通过改变管理方式来管理员工，总是习惯于将问题的责任向外推而不愿意自我反省，导致管理工作的效果越来越差。

总是采用说教方式，管理者情绪极易受到影响，产生这样的想法：为什么我会摊上这么一个90后员工？为什么我说了这么多他们却听不进去？而情绪不佳难免会影响到管理者能力的发挥，甚至抑郁成疾。

作为管理者，首先要想的应该是自己是否存在问题——管理方式有问题吗？说教惹人烦吗？我信任员工吗？我是否给予员工必要的指导了？等等。然后你也可以自问，还有愿意跟你说真话的员工吗？

可以根据管理效果自查，管理工作有用吗？员工是否听从并执行了？是否拉近了与员工的距离？激励措施对他们有效吗？

如果想更清楚自己在管理上的缺陷，可通过离职谈话来了解。部门中有90后员工离职时，不要将最后谈话的机会交给人事部门，而应亲自与其沟通，毕竟“人之将走其言也真”，从中管理者可以了解到很多真相。

当管理者真的去讲结果而少说教时，员工会察觉到这种变化，也会以积极的行动来配合管理者的改变，此时这些90后员工显得那么可爱且可以信任。管理上并不存在真正难以管理的职员群体，真正无可救药的员工是少之又少的。

90后员工是经济快速增长背景中成长起来的，环境较为优越，且由于互联网的影响，他们所接受的信息和思想相比70后、80后员工更为丰富，多数有自己的主见与思维，他们懂得的道理非常多。因此当管理者在他们面前啰嗦地说教时，他们会感到厌烦。

对于90后员工，管理的难度在于管理者思维固化，说教式的管理方式与90后格格不入。应减少说教，侧重于结果，只要在规则与法律允许范围内，员工准时保质完成了任务，就应该对其宽松点，不要拘泥，而要与时俱进，调整管理思想。管理之难其实只是个借口，每个年代的人都有些较为显著的特点，只要适应这些特点，就能管理好员工，公司才能快速前进。

第 3 章　批评与问责——让 90 后员工负起责任

90后员工生性散漫，喜欢自由自在，而讨厌约束，从小生活在优越环境中更让其养成了以自我为中心的恶习。这种恶习带到职场中就是不负责任，但90后已成为职场重要力量来源，如果不加以改变，将会给企业发展带来很多的阻碍。而让其学会承担责任，可从批评与问责入手。

批评员工的五项原则

批评是管理中的一种强化手段，与表扬相辅相成。不过作为合格的管理者，在进行批评时会想方设法降低批评所带来的负面影响，减少员工对批评的抵触情绪，确保达到批评的目的。

多项研究表明，在听到批评时多数人会感到不舒服、难受，这源于人对批评的本能抵触心理。人的天性是趋利避害，导致人们更希望听到表扬而不是批评。面对批评，人们会感到被冒犯，因而会为自己的行为辩解，尤其是当人们在工作中付出很多努力时，更是在意批评，更会为自己辩解，以便使自己和他人都认为自己没错。这是认知不协调的一种表现。

因此管理者在批评前要多多思考，要冷静认识问题，要对自己与他人的错误有个清醒的认知，明确对方所应承担的责任，同时也要学会从对方的角度出发，多多理解对方。批评也是有原则的，在职场中，管理者应遵循以下五项批评原则。

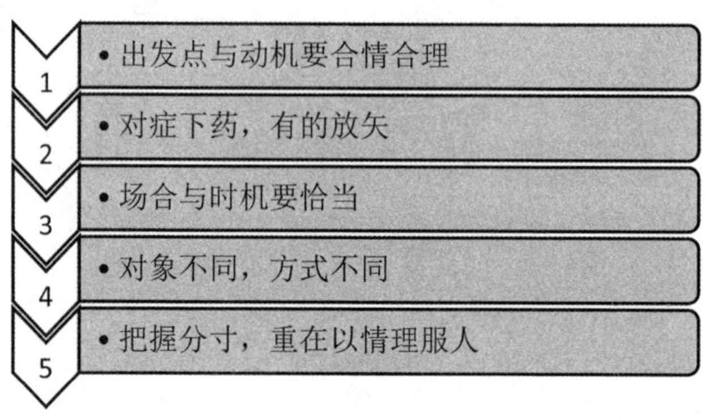

◎ 出发点与动机要合情合理

作为说服人的技巧之一，批评的目的在于帮助对方改正错误，以免再犯，为了更好地完成工作与任务。因此不能将批评视为惩罚员工，不能过于苛求员工，不能只想着批评对方，而不思考批评的效果，要吻合“团结——批评——团结”的流程。

实践证明，采用批评的效果如何，还在于批评的出发点、动机是否合情合理。只有合情合理的批评才会让人心甘情愿地接受，才会获得良好的批评效果。如果出发点不纯，即使批评内容准确，员工也不会接纳；如果动机不良，员工也不会在意批评，甚至会识别出管理者的“祸心”。

因此批评的首要原则为出点发与动机都必须合情合理，是公正公平的，是符合公司制度的，是实事求是的。唯有批评面前人人平等，才能让批评这一强化手段得以发挥作用。

◎ 对症下药，有的放矢

批评是严肃的，是事关双方的，不能马虎对待。批评不能不痛不痒，要抓住核心问题，掌握问题的实质，有针对性地提出批评，只有批评到点儿上，员工才会心悦诚服，才会接受批评。

而想当然与主观臆断的批评、点不到本质的批评、捕风捉影的批评、含糊其辞的批评、无中生有的批评、不明其意的批评等，都无法说服员工。尤其是对90后员工，如果批评不能指到关键点上，则无法让他们欣然接纳，也就无法纠正他们的错误。

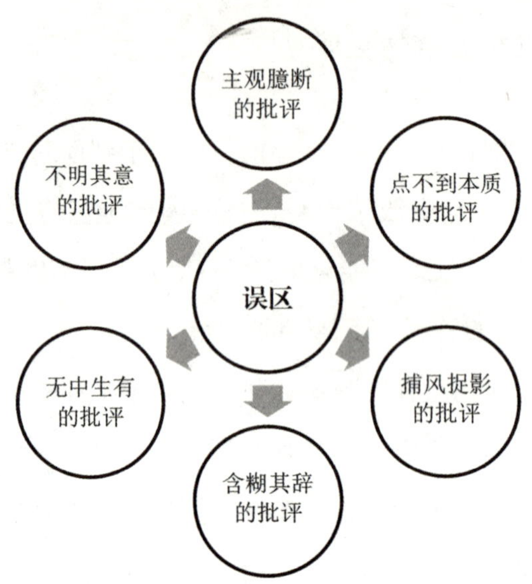

作为管理者，在批评前应调查事实，探究问题发生的前因后果，并找出问题的本质所在，包括主观因素和客观因素，将事实与问题清楚地摆在对方面前，让对方辩无可辩，以事实为依据批评对方。只要摆事实、讲道理、讲清利害，即使张扬个性的90后员工也会承认错误、接受批评。如此，方能保证批评有的放矢，同时获得理想的效果。

◎ 场合与时机要恰当

批评通常在私下场合进行，很少会当众批评。当众批评会增加员工的心理负担，让员工觉得所有人都知道他犯错了，因而对其后续工作的展开带来难度。当然，如有迫不得已必须在公开场合批评的，应提前做好员工的工作，或者在批评后给员工合理的解释。否则极易给员工留下心理阴影。

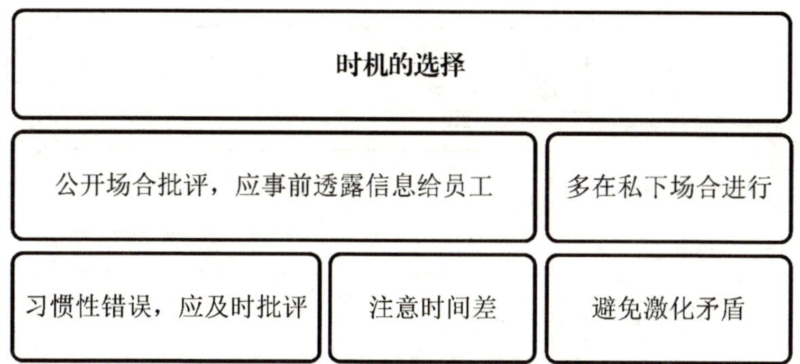

另外，如果两位员工关系不好，也不能当着双方的面批评，这样会使得被批评的员工感觉上司在贬低自己，更易激化两位员工的矛盾。同时员工对管理者的批评也会有不公正之感。

如果在工作中员工出现习惯性错误，应及时批评，以加强其记忆，便于员工总结和纠正，也可避免问题进一步恶化、复杂化。

时间差也要注意，能及时提出批评就要马上提出来，不适于马上批评的，则先往后放一放，等过段时间寻找个好的时机再提出来，比如年度总结、开会时等，或者当员工遇到一些喜事心情较好时。

选择批评时机就一个原则，即员工能更好地接受批评。另外管理者尽量不要背后批评，一旦传到对方耳中，则会让对方更加难堪。

◎ 对象不同，方式不同

90后个性张扬，其性格多种多样。在批评时不能采用统一的批评方式，而应根据员工的性格特点等采取便于其接受的批评方式，才能增强批评的效果。

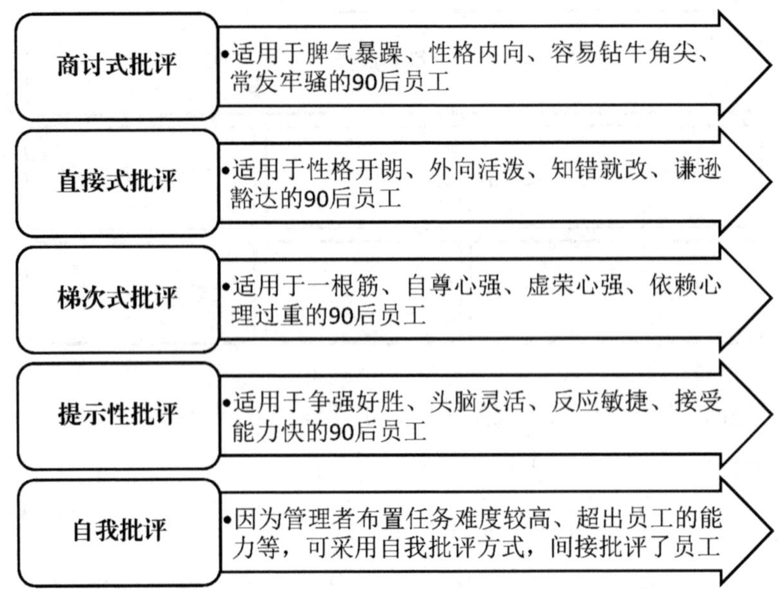

对于脾气暴躁、性格内向、容易钻牛角尖、常发牢骚的90后员工，可采用商讨式批评；

对于性格开朗、外向活泼、知错就改、谦逊豁达的90后员工，可采用直接式批评，开门见山，直入主题；

对于一根筋、自尊心强、虚荣心强、依赖心理过重的90后员工，可采用梯次式批评，循序渐进，有章有法；

对于争强好胜、头脑灵活、反应敏捷、接受能力快的90后员工，可采用提示性批评，稍微提示，对方就反应过来，也能获得不错的批评效果；

对于员工所犯错误是因为管理者布置任务难度较高、指导不及时、超出员工的能力等，则可采用自我批评方式，这种方式也间接批评了员工。

当然，批评方式还有很多，如边夸奖边批评的“三明治”批评法、先褒后贬的批评方式、对比性的批评方式、“冷处理”式批评等。在实际管理中，应结合实际情况，根据批评对象的不同灵活使用批评方式，不能为了图省事而“一招吃天下”。

◎ 把握分寸，重在以情理服人

批评既有质的规定，也有量的考察，要想获得最佳的批评效果则要实现质与量的统一。如果批评超过了“度”，超出了员工的心理承受能力，则批评就会起到反面的效果，也就无法达到批评的目的了。

职场中难免会有一些犯错误的员工，而要通过批评让他们意识到错误，并及时予以纠正。另外从心理学角度而言，每个人都有被尊重的需求，希望获得别人的认可、关心与爱护，即使自己在工作中犯下错误也依然希望如此。

作为管理者，要有宽广的胸襟，要学会站在员工的角度，设身处地为对方着想，真诚地去了解、关心，用行动换取员工的信任与支持。要明白批评只是帮助员工变得更好的手段，在批评时要有分寸，要“温暖”“有感情”，要通过批评让员工意识到错误所在，让其明白自己是在帮助他，拉近双方的距离。

那些具有感染力、穿透力的效果奇佳的批评，绝不是不留余地不在乎员工颜面的快人快语式批评。不是让员工尴尬或者无地自容的批评才有效果，而是要掌控分寸，重在以情理服人，使批评不那么刺耳、难以接受，从而达到批评的目的。

用批评逆向激励员工

管理学中既有正激励也有负激励，即“正负激励”理论，两种激励方式所适用的场景、所起到的效果是不同的。管理者应结合实际工作需要，采用一种或者两种结合的方式，从而达到激励员工的目的。

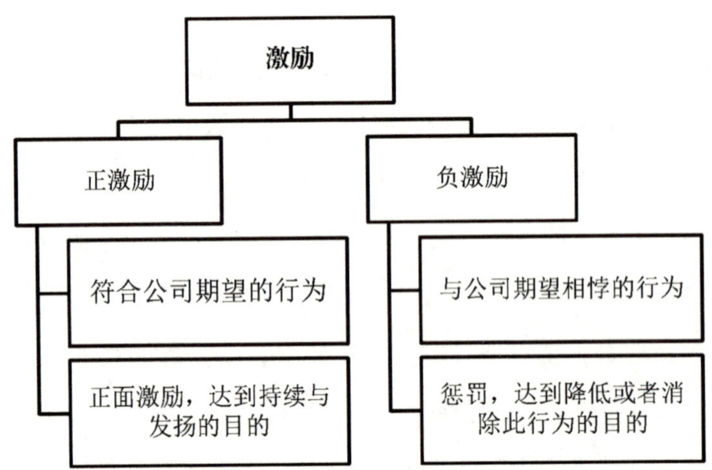

在职场中，正激励指对员工符合公司期望的行为进行奖励，这种行为是公司需要的，给予其奖励，就可达到持续与发扬的目的，促使这种行为多次出现。不过正激励的效果正逐渐淡化，尤其对白领阶层，当月薪高于6000元时，如果奖励在10%以下，则多数白领员工对此激励是“毫无感觉”的。原因就在于奖励相比较工资“太少了”，他们不在乎也很正常。而90后员工多数家庭条件很好，这种激励的效果更是微乎其微了。

负激励指当员工的行为不符合公司的需要时，可通过制裁的方式来管理，达到降低或者消除此行为出现的目的。这种激励影响很大，且具有物质与精神上的双重影响。本来能拿到的却因为行为不当被处罚而没能拿到，损失是双倍的，而且更重要的是精神上会受到影响，一旦被批评，员工心理难免会有些波动，因而有时这种负激励反而效果更佳。如一个员工迟到，公司扣除100元并进行公告，员工除了金钱上有损失外，还要担心同事、领导会如何看待自己，这种心理上的影响是无法简单用金钱来衡量的。

而负激励中最常见的手段就是批评。通过批评对员工的错误行为和动机进行制止，使其幡然悔悟，从而扶正祛邪，产生逆向激励，促使员工改进、纠正错误，更好地完成任务。

批评在我们潜意识中是种负面的行为。为了避免伤和气，一些管理者在工作中能不用则不用。但从实践来看，批评可帮助员工正视自身的缺点与不足，让他们感觉到压力，有压力才会有动力，促使他们及时改正错误，从而不断地前进。

作为一种很有效的逆向激励手段，如果管理者困于人情等而很少使用批评，则员工不会意识到问题所在，也不会明白自己的责任所在，也就谈不上纠正错误，更好地履行职责了。当然这种激励方式要讲究技巧，合理运用，可以让员工明白其错误所在，意识到其职责，获得事半功倍的效果，将其引导到正轨上。运用不当，则让员工自尊心受损，萎靡不振，甚至激起员工的逆反心理，也无法担起自己的责任。

员工表现不好，则提出批评，逆向激励员工去改正。“逆向激励”的理论依据为“一分为二”，即一个人既有长处也有短处，优缺点是并存的。此时采用批评逆向激励员工，发挥员工的长处，减弱或者抑制员工的短处，从而使其长处优势更为明显，短处劣势减少，真正实现“扬长避短”原则。

采用批评方式，有利于员工更好地发挥优势，激励其不断巩固优势，消减员工的负面行为。另外，有时双方是可以转化的，如“愤青”在某些时候会转化为“勇于争先者”。

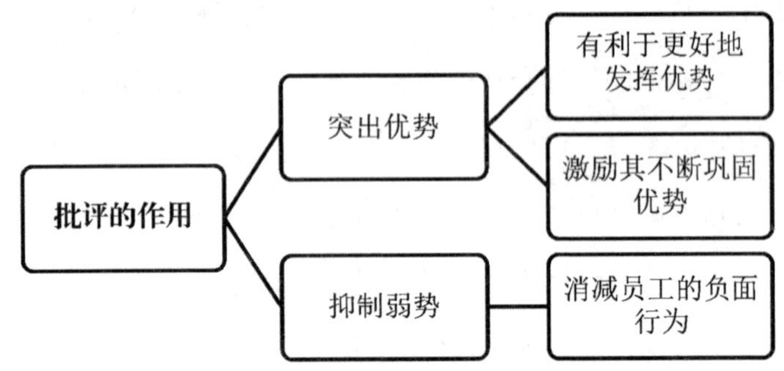

批评可以让员工深入明白自身存在的问题，更清楚地明白其责任所在，明白下一步该如何做才能更好地履行责任，更好更快速地完成任务。

作为管理者，如果只懂得表扬而不会采用批评，则员工会觉得领导很好说话，甚至会产生轻视心理。不过如果你能将表扬与批评相结合，合理运用的话，员工则会觉得你知人善用、明察秋毫，从心里也会更加敬佩你、重视你，也就会充满干劲地对待工作，效率就会大幅提升，如期保质完成工作，你的管理职责也确保得以实现。

“四步法”批评遏制员工业绩下滑

作为管理者你要确保员工始终保持高效的工作状态，能按时保质地完成任务，确保公司的日常运营不会出现问题。但在职场中，你不得不经常面对的一个场景就是员工业绩下滑。

如果你所管辖的员工业绩下滑，而且这名员工还是位90后，你该怎么处理呢？你该如何让其明确责任，并采用何种方法帮助其走出困境？一旦业绩下滑时间过长，则可能会引发连锁效应。因此，资深管理人都将处理员工业绩下滑的问题视为最具挑战性的、最困难的，也是管理者需要投入最多精力的一项任务。

在实践中，有一种“四步法”可帮助管理者处理这种问题，既能缓解感情上可能出现的冲突，也能有效解决员工业绩变差的问题。

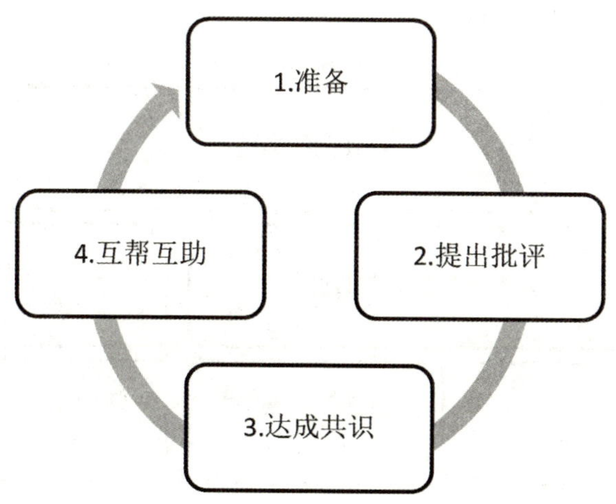

◎ 准备

在找员工沟通前，应事先做好准备工作，收集员工这段时间的资料，尤其是业绩下滑前的资料，找出员工在某个方面的业绩表现，要有具体的行为，并明确是这种行为导致员工的业绩变差。当然，员工业绩变差的原因是多种多样的，但我们无法一次性解决所有问题，问题要一个一个地去解决。明确员工的责任与其表现，这样在进行下一步时才能有的放矢，针对性地解决问题。

◎ 提出批评

准备妥当、检查无误后，则可将员工叫到办公室或者另约一个合适的场所，指出员工当下的问题，并提出严厉的批评。当然，批评时也要用些技巧，尽量不要让员工感到难堪。可在事前设定好批评的方式与目的，制定谈话的内容与对其的规划，确保双方不会产生误会，否则会让本来糟糕的境况更加糟糕。

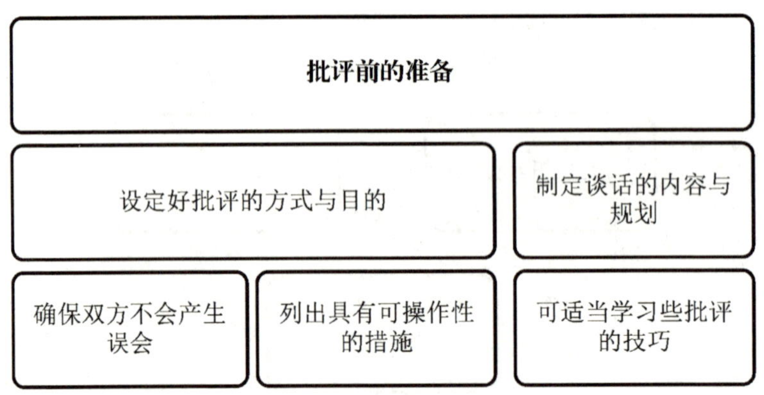

业绩下滑也是员工不想看到的场面之一，对90后员工而言，即使其再个性张扬，也是很在乎业绩的，毕竟业绩与绩效是直接挂钩的。因此当他们业绩下滑或者行为出现严重错误时，他们会变得异常敏感，如果遇到过于直接的批评，就会本能地启动防御状态，不正视问题所在，却不断地与你争辩。何况90后这个年轻群体的职场抗压性较差，管理者应注意这一点。

业绩差，管理者不能一味提出警告。业绩变差必然存在原因，管理者的重要任务是揭示这个原因，指出员工业绩下滑的症结所在。此时采用批评方式效果较好，但如若一味训斥，只会疏远与员工的距离，难以回归到解决其业绩变差问题的本质上去。这样下去，无法真正解决问题。

要尽量避免以下场景：

管理者：“你这三个月业绩持续下滑，你还能不能做好这份工作了？你看新来的小张，业绩比你好多了。你可是老员工啊。”

90后员工：“对不起，我会努力找回状态。”

管理者：“不要总是嘴上说说，不行动。前段时间因为你对客户很轻视，惹得客户投诉多次，你倒是快点想办法恢复状态呀。”

90后员工：“您说得对，抱歉。”（表情尴尬）

这种批评方法会让员工觉得，业绩下滑就在管理者面前抬不起头来，是公司的罪人，让其丧失自信，而且管理者很多指责都太过于空泛，没有实际的指导意义，无法解决员工业绩下滑的问题。在批评时应该有重点，剖析业绩下滑的主要原因，次要原因以后可以慢慢提出来，先解决最关键的问题才是当务之急。

资深管理者懂得先寻找员工的优点夸奖，不管是什么优点都可以，如在绘制图表上很有潜力、在公司人缘很好、与客户相处融洽、某项任务完成得非常出色等，这些优点都可以拿来作为开篇词。先夸奖员工，让对方心理上受用，此时员工则会敞开心扉，管理者可趁机提出批评，讲清其业绩变差的现状、原因及后续改进方法。

先寻找优点

如图表绘制精美、在公司人缘好、与客户相处融洽等

趁机提出批评

讲清业绩变差的现状

重中之重

找出业绩变差的原因，提出改善业绩的可行措施

管理者："你辛苦了。前几天你绘制的图表很精美，简洁大方，对公司拿下A公司的标很有帮助，公司很感激你的所作所为。"（先夸奖员工绘制图表上的优点，降低对方的防御心理，使其敞开心扉）

90后员工："谢谢公司对我的认可。"

管理者："不过，有一点你要注意，这三个月来你的业绩都在下滑，季度绩效不是很好看啊。"（阐述业绩差的现状）

90后员工："最近状态有些差，我也知道这点，对不起。"

管理者："不用说对不起，我相信你的能力，而且知道你正在努力改进，找回状态。"（表示信任员工的能力，同时也表明了了解对方向好的心理）

90后员工："是，正在努力改进。"

管理者："你认为业绩下滑的主要原因是什么？"

90后员工："客户流失严重，老客户很难维护，但又争取不到新客户，导致最近几月业绩无法改善。"

管理者："分析得不错，接下来你想怎么解决这一难题？我们可以一起想想，看看有什么好办法。"

由此可见，批评也应讲究技巧，不要激起员工的逆反心理，而要采用科学的批评方式，以员工易于接受的方式进行批评，他才能听得进去，才能达到批评的目的。

◎ 达成共识

通过第二步，双方已经就业绩差的问题进行了深入沟通，分析出业绩变差的原因，第三步则是双方就解决之道达成共识。唯有管理者与员工达成共识，才能步伐一致，朝着同一个目标快速出发，促使问题得到合理的解决。

◎ 互帮互助

当你与员工达成共识，双方共同努力将业绩差的问题解决，那么就建立起了一种伙伴关系。在这个关系中，你们是互帮互助的，此时可进行进一步的谈话，包括双方在后续工作中的责任，员工希望管理者怎样进行管理，应该给予员工多少支持或者资源，确保问题能在后续工作中得到合理解决。

业绩下滑是管理者和员工都不愿意见到的，面对这种情况，员工也是有压力的，所以管理者不能一味粗暴地呵斥，而应按照上述“四步法”，与员工真诚沟通，找到解决问题的关键之法，赢得员工的信任，双方建立相互信赖的高效伙伴关系。

还有一种情况要注意，有时并非是员工不努力，不履行职责，反而是员工很努力，只是业绩仍不太理想。既然员工已经很努力地去解决问题了，那么作为管理者应考虑到这种情况，在批评与问责时要谨慎，要考虑到员工的情绪，同时帮助员工寻找解决问题的方法。

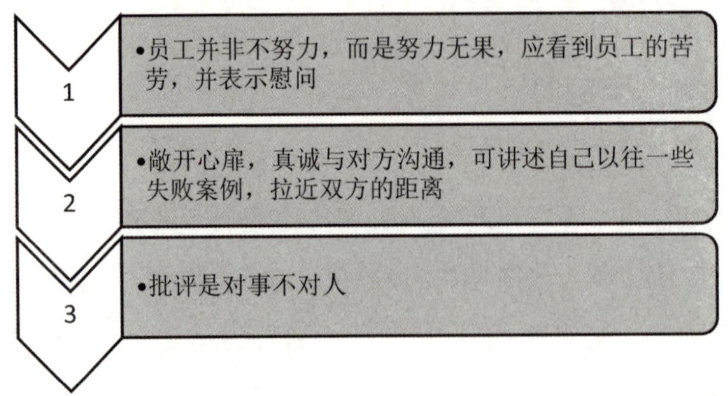

你向对方敞开心扉，对方也会向你敞开心扉。如工作遇到什么挫折了，业绩差的最主要原因是什么，接下来如何改进这种状况……这种言论是针对事件本身，能够降低员工对批评的不快与逆反心理，促使双方敞开心扉，共同找出解决问题的方法，使员工恢复高效工作状态，更好地完成工作。

用批评利导“个人英雄主义”为团队所用

虽然90后步入职场时间较短，但由于他们思维活跃，善于接受新鲜事物，在解决问题时可能会更有创新，做出出色业绩的员工不在少数。但管理者发现，尽管这些员工能力很强、业绩很好，却缺乏团队意识，未尽到团队责任，甚至有些更倾向于单打独斗，而不愿与其他人展开合作。

现如今职场对员工的要求更高，除了出色的工作能力外，还要具备其他多项能力，其中关键的一项就是团队合作。经济全球化与行业细分，导致岗位也逐渐细分，完成工作需要的综合能力更强，仅靠个人有时是无法胜任的。因而需要与他人合作，需要有团队精神，没有团队的助力，个人即使能力再强，也无法在职场中走得更远。

员工能力出色是加分项，也是管理者应重视的，要引导其承担起团队责任来，学会与团队合作、与其他人相处，共同解决工作中的难题。

管理者希望能提升团队的业绩，而90后员工向来以自我为中心，在职场中可能只顾着提升个人业绩，两者难免有产生冲突的时候。如果在团队中，员工个人表现远超越其他成员，则是个人英雄主义的表现。这类人在工作中个性张扬、很有创造性，敢于承担压力和敢于争先。但团队是一个整体，是无法逃脱“木桶定律”的，即一只水桶能装多少水是由其最短的那块木板决定的。如果能够培养这类员工的团队精神，让其担当起团队责任，那么将会促使团队朝着高效进发。

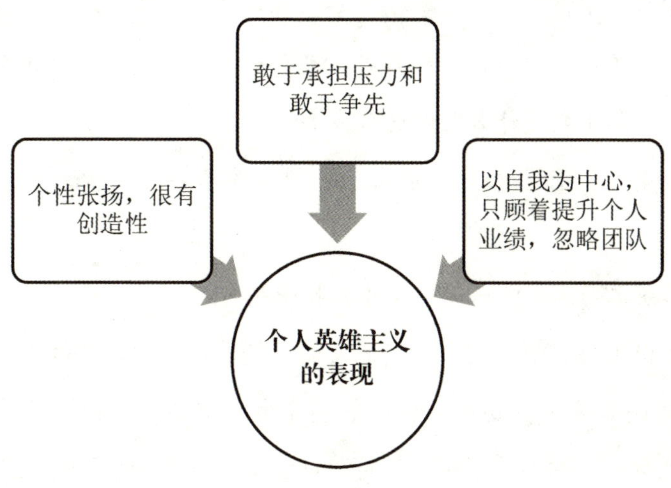

不过在与他们沟通中，经常会陷入下面的困境：

管理者：“你上个月业绩很出色，远高于月初制定的目标，这是个了不起的成绩。”

90后员工：“我只不过是做了我应该做的，还能做得更好。”

管理者：“我相信你能做得更好。你有没有发现自己在工作中有什么失误？”

90后员工：“我……”（仔细回想，任务都按时完成了，没有什么重大失误）

管理者：“你看上个月你们团队的目标并未完成。”

90后员工：“我已经完成我该做的那部分了。”

管理者：“但是作为团队的一分子，你是有责任帮助团队达成目标的，不是吗？”

90后员工：“我……”

管理者：“我觉得应该将你的个人业绩目标提高10%。另外，团队成员中有几个业绩很差，工作进展很慢，你能不能带一带他们，让他们跟着你学习一下？”

90后员工：“要提高业绩目标，还要带人做销售，要求这么多，我做不来的。”（我为什么要做这么多）

管理者：“你个人能力很出色，但总要承担起团队责任，多想想团队。”

90后员工：“好吧……”（难以接受）

90后员工有时很难明白，自己明明干得非常出色，业绩也很好，但管理者却还提那么多要求，会让他们觉得好像能力出色者就要多干些活，难免会有一种不公平感。尽管管理者批评他们未尽到团队责任，但他们有时真不关心团队会怎样。

如此，就会让90后员工丧失热情，没有干劲，甚至敷衍对待工作，导致个人业绩下滑。

这是管理者批评方法不对引起的。这种情况应先褒扬员工个人出色的业绩，认可其能力，然后再批评其只顾自己，未考虑整个团队，未尽到团队责任。在批评过程中要阐述团队的重要性，表明该员工为何要尽到团队职责。要知道如今早已不是终身雇佣制，只是简单说说“为了团队”“为了公司”并不能打动员工，也无法促使其去纠正观念。

很多管理者会将更多重要任务交给工作能力强的员工，也许管理者潜意识中觉得这没什么，能力出色的人多完成些任务也花不了多少时间。但对员工而言，这些新工作、新任务可能会给其带来较大的负担。

如果只是干巴巴地批评员工缺少团队意识，未尽到员工责任，则无法让员工真正重视起团队来。如果尽量采用温和的语言，谦逊地提出要求，可能员工就欣然接受了。另外，也可许诺给员工一定的好处，如将来推荐部门主管时，会优先推荐他等。

团队不是吃“大锅饭”，也并非泯灭个性，扼杀能力较强的员工。相反，好的团队，会鼓励和引导员工个人能力能够最大化发挥。团队精神的核心在于协同合作，强调团队为一个整体，发挥整体优势，去面对竞争，远离个人英雄主义。作为团队的一分子，每个成员都应尽到自己的责任。

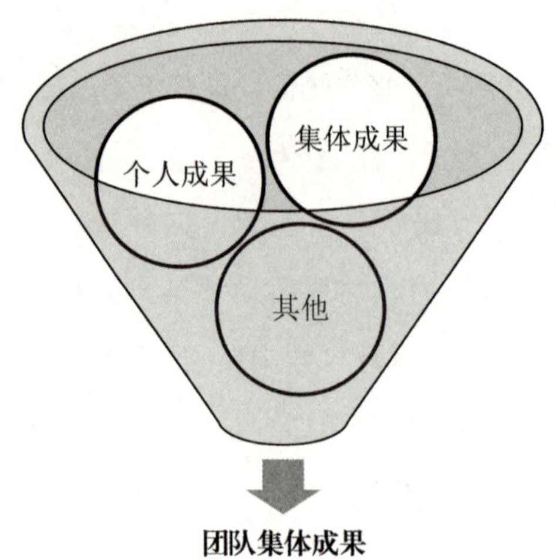

团队业绩从根本上来自团队个人成果的集合，要让90后员工感觉到自己是雄伟城墙中的一块砖，是团队中不可缺少的一分子。砖与砖间紧密结合是建立城墙的基础，这种紧密结合就是凝聚力。而团队只有步调一致，凝聚力的作用才能有效发挥。

“三明治法”助力批评

作为管理的手段之一，批评在实际工作中经常会派上用场。但被批评总让人感觉不舒服，尤其是从小就被当作“小皇帝”的90后，在步入职场前，他们很少被批评，而在职场中作为新人或者由于个性等方面原因，90后可能会常被管理者批评。管理者必须要了解90后这一年轻职场群体的特点，考虑如何批评90后员工才是最有效的。下面就介绍一种职场上广泛使用的“三明治式批评法”。

三明治大家很熟悉，上下两片面包，中间夹菜夹肉。“三明治式批评法”指将批评藏在表扬中，具体流程为对某个人先表扬、再批评、然后再表扬，就像是三明治那样，将批评加在两层厚厚的表扬中间，并不是一味采用批评手段。

两层表扬，第一层通常是认可、赏识、肯定对方，包括能力、优点、积极和向上的一面，后一层多是鼓励、支持、希望和帮助等；中间一层则直面问题，提出批评。此类批评法通常不会挫伤被批评者的自尊心，也不会打击其积极性，相反对方会更容易接受批评，改正自己的不足，达到批评的目的。

这种批评法的优势主要有三种：

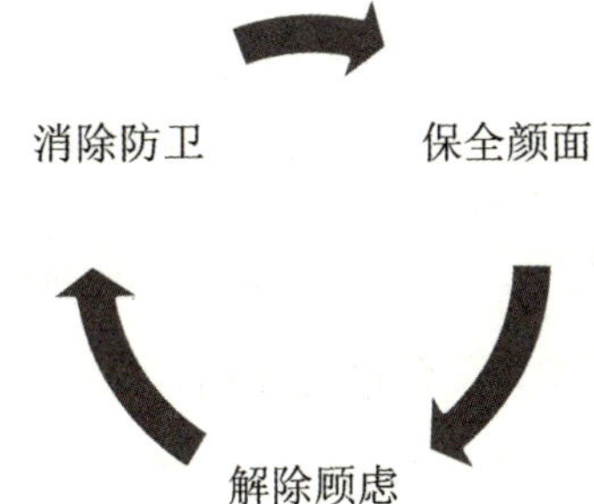

◎ 消除防卫

人都有一种自我防御的本能，在遇到于己不利的情况时会自动开启，包括面临批评时，自己一旦接受不了，就会言辞激烈地反驳。而三明治式批评法在批评前，会先说一些关怀、赞美的话语，消除对方的防御心理，使其安静、轻松下来，然后进行沟通。如果一开始就批评，员工的防御能力开启，处于防卫状态时就很难听进批评意见，即使管理者说得很对、道理清晰，也是徒劳无功的。第一层表扬可谓起到了消除防卫的作用，使员工处于轻松状态，也较易于接受批评。

◎ 解除顾虑

很多管理者会多次批评员工，一而再、再而三，让人弄不清楚批评何时结束，心情始终处于高度紧张状态，因而顾虑重重、忧心不已。而第二层表扬则能起到消除其顾虑的作用，被批评后，员工精神上或多或少总有些沮丧，而此时给予鼓励、表示信任、传达希望、给予支持和帮助，则能帮助其在短时间内快速振作精神，从而有心情去思考管理者的批评之语。

◎ 保全颜面

批评只是管理的手段，而并非目的，在于帮助员工纠正错误的行为，因而要格外注重方式，以免激化矛盾。三明治式批评法既能够指出问题所在，也更易让人接受，不伤害对方的感情和自尊心，帮助对方认清问题的关键所在，促使其快速改正。

《西游记》中，孙悟空奉命保护唐僧前往西方取经，在此过程中，佛祖说过三句话：

“你这泼猴，一路以来不辞艰辛保护师父西天取经。”

“这次何故弃师独回花果山，不信不义。”

“去吧，我相信你定能发扬光大，保护师父取得真经。”

三句话有褒有贬，第一句是肯定孙悟空的工作，对其辛苦也有所认可；第二句则是批评，说孙悟空不信不义，这是比较严厉的批评；第三句则是给予其鼓励与希望，相信孙悟空能“发扬光大”，顺便提出了期望，即“保护师傅取得真经”，能够激励孙悟空的斗志。这是典型的三明治式批评法。

如在职场中有名90后员工的表现较差，在新客户开发这一任务上未能达到预期目标，说明这名员工未能尽责。应该予以指出，让该员工尽职尽责，不要拖慢了整个部门的前进步伐，此时就可采用三明治式批评法。

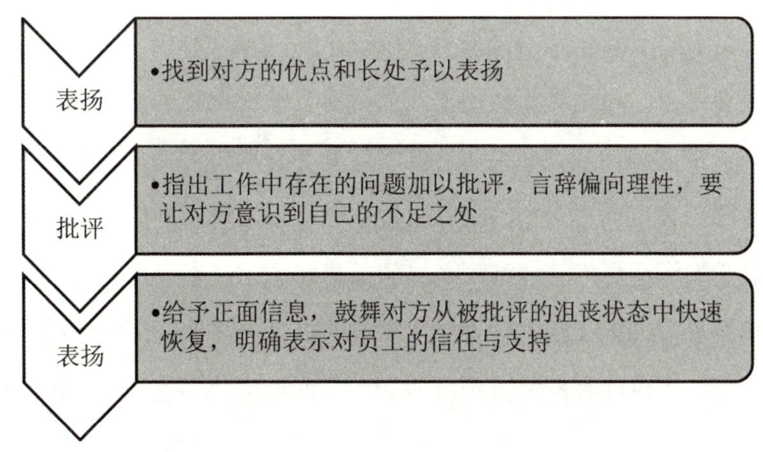

◎ 表扬

找到对方的优点和长处予以表扬。例如：“你在报告与报表方面做得很好，报告写得很到位，报表也做得很精致，重要的是你能够及时准确地呈报报告和报表，让我可以及时了解任务的进度。另外你在报告中所提出的建议，很多都具有建设性，很中肯，值得采纳，相信会给大家不少帮助，在这些方面你的表现很让人满意。”

◎ 批评

表扬过后，接着阐述90后员工在工作上的不足之处。例如："不过，你的工作中有两个方面存在不足，成为阻碍你取得更好业绩的拦路虎。其中一方面是开拓新客户少，这是影响你今年业绩的最重要的原因。今年，你的新客户只增加了10%，新客户为销售额所作的贡献仅有20%，这远远低于年初计划的30%~50%的预期。对此，你怎么看？"

◎ 表扬

批评之后，再给予正面信息，鼓舞对方从被批评的沮丧状态中快速恢复。可描述解决问题后给对方带来的好处，期望他将来会有什么样的成就，或者肯定其对公司的贡献，要明确表示对员工的信任与支持。与90后员工的沟通可以这样结束："假如你能意识到职责所在，认真对待新客户拓展方面的工作，使其达到30%的水平，那么，你的业绩就会向上翻一番，不仅能超额完成预定的指标，你也会获得高额的奖金。如果公司的其他员工都像你一样，公司明年的销售收入增幅可达50%，这样的话，我们就为公司作出了卓越的贡献。"

启动员工问责制度

韬睿惠悦咨询公司做过一项"全球员工意见调查"，该调查涉及18

个国家的9万多名员工，样本数量很大，范围也很广泛，具有一定的参考价值。调查表明：仅有21%左右的员工非常敬业，38%的员工非常不敬业，其余的则介于两者之间。此调查表明目前多数公司的管理存在很大的问题。

这一调查是出乎人们预料的，多数人都认为敬业员工的数值不可能那么低。那么，影响员工敬业度的因素有哪些呢？主要有以下三点：

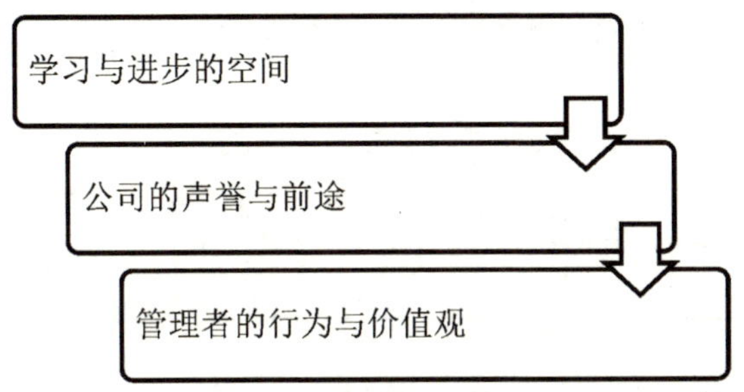

学习与进步的空间，表明了员工很关注是否有机会提升自我；公司的声誉和前途，员工可用来衡量是否值得为公司奋斗；管理者的行为与价值观，体现出管理者是否能赢得员工的尊重与支持。实际上，这三项都与管理者有关。管理者可以为员工创造学习和进步的空间，管理者提出的愿景很激励人心，管理者展现的价值观应该值得员工尊重。

而管理者要想让员工尽责，最好的方法是建立员工问责制。

问责制与权力密切相关，有权力就要承担相应的责任，在权力范围内出现事故或者问题，必然要有人负责。所以问责制实施的前提是权责清晰明确，将权力合理分配与划分，以及严格的进退制度。要处理好权责的关系，严格按照规章制度执行，拥有相应的权力就要承担相应的责任。

此制度的特点在于：区分了责任，谁的责任由谁来承担，谁犯了错就要承担相应的处罚；追问的是直接责任人，不会“一竿子打翻一船人”；追究的是“责任”，追究的是具体的过错；在此过程中，不问功劳苦劳，不能将功补过，赏罚分明，确保问责制的权威。

员工问责制度的特点

- 区分了责任，谁的责任由谁来承担，谁犯了错就要承担相应的处罚
- 追问的是直接责任人，不会“一竿子打翻一船人”
- 追究的是“责任”，追究的是具体的过错
- 不问功劳苦劳，不能将功补过
- 赏罚分明，确保问责制的权威

90后员工是高度提倡自由主义的一代，他们更喜欢轻松、自在的工作氛围，讨厌束缚、条则过多的职场环境，因此，他们在找工作时也多找些自由度相对较高的工作。提倡自由主义的他们，并不惧怕竞争，相反他们喜欢竞争，他们认为自己能力较强。但从现状来看，90后员工在工作中表现出的问题很多。

何长德毕业后到一家电子商务公司从事网页设计工作，他在技术上有些功底，其个性张扬，也偏好做那种较为酷炫的、吸引人眼球的网页，他觉得这才是未来网页的趋势。但在职场中，他这种观念屡屡遭到打击，客户总说他设计得不好，甚至会提一些何长德认为“土得掉渣”的设计要求，使得网页看起来不伦不类、没有逻辑。而身为90后的他，年轻气盛，有次忍受不了客户的说辞，就与对方起了不愉快的争执。管理者偏向于客户，而“教训”了何长德，希望他能快速掌握与客户沟通的基本原则。但何长德并不这么想，他觉得是客户欣赏水平太低，于是

按照自己的想法，将网页设计成酷炫的那种。客户看到后，直接提出与公司合作到此结束。

很多90后熟读企业家的传记，也记得众多“口苦良心”的忠告，如保持你的个性，个性能让你脱颖而出、与众不同，这是你迈向成功的重要因素之一等。在职场中，很多90后员工个性张扬，不接受公司的管理制度、文化和问责制度的约束，而只是想着张扬个性，不愿意与他人合作，不服从团队的规则，坚持己见，导致他们在职场上屡屡碰壁。但现实情况是，做好任何一份工作都少不了要妥协。

就像案例中的何长德一样，不懂得妥协，自然要面临公司的问责。后来，在公司的要求下，何长德亲自去向客户道歉，然后按照客户的要求重新设计了网页。客户看到设计后直夸何长德的设计水平高超，审美水平甚佳，也夸赞其前途无量等。

公司不是慈善机构，虽然也可以视为90后员工彰显个性的舞台，但更重要的是身为员工要履行职责，如果工作不到位，自然要面临着问责。因此，管理者应该明确告诉90后员工其工作职责，同时建立问责制，让问责有章法、有规则，通过问责制让90后员工负起责任，快速成长起来，成为自己的得力助手。

第4章　多聆听少洗脑——他不一定是对的，但他有自己的思维

90后是重视自我的一代，他们注重自己的心声被聆听，自己的建议被采纳，自己的言论得到重视。也许因为工作经验较少、阅历较浅，90后的言论不一定全是正确的，但他有自己的思维。在管理中应多聆听少洗脑，90后作为互联网的“原住民”，洗脑只会引起他们的反感，管理者应学会倾听、学会沟通，让双方在沟通中了解彼此的想法，为后续工作做好准备。

90后员工与洗脑式管理冲突

统一指挥下整齐列队、高呼口号（比如“必胜、必胜”），配合口号的往往是各种夸张的动作……这种场景在很多企业都可以见到，成为员工们的“必修课”。这类管理被称为“洗脑式”管理。

洗脑式管理者最常问员工的问题是：你到公司来工作是为了什么？这类管理者意图将员工的打工心态转变为动力、激发其斗志、培养其信心，让员工明白他们不是在打工，而是在实现自己的理想。在这个过程中最重要的并非薪酬及休息日，而是努力工作早日实现理想，在平时要多加班，因为只有加班才能赚到更多的钱，才能买得起房和车，才能过上更好的生活；还要员工无条件服从指示，马虎对待工作是行不通的，要有创业精神，而努力工作也是创业精神的一种体现。

这种激励员工的方式，统一称为“洗脑式管理”，在密集劳动型企业很常见。但这种管理方式已经落伍，且折射出企业文化的缺失，这种方式不仅不利于企业健康文化的塑造，更非留住员工的科学之道。

晚上七点左右，在北海区的一家旅游公司里，管理者正在大声培训员工，这批员工是公司刚在校园招聘的，他们全为90后。每天下班后，公司统一进行长达一个半小时的培训，培训主题是教导员工与旅客沟通。

只听管理者在那里手足舞蹈地讲：“我们为何要认真对待客户？这

是因为客户是我们的衣食父母，是上帝，我们要像照顾父母般照顾他们，要想他们之所想，急他们之所急。如此才能赢得他们的信任，如此我们才能获得可观的收入，有了可观的收入我们就能买房买车，让家人过上更好的生活。”

然而有位员工说：“我工作的目的就是积累经验，同时可借助工作四处看看，别扣这么大的帽子在我们身上，我们承担不起。”

管理者很愤怒，有人敢于质疑他的权威，不听从培训，他直接说：“你明天可以不用来了。”

然而从那天起，几乎每天都有员工与管理者产生冲突，辞职者越来越多，到最后只剩下管理者孤身一人。然而他却在感叹：“90后真是被惯坏的一代，太没责任心了。”

有同样感叹的管理者很多，这类管理者多半有些年纪了，之所以在培训中大声训斥还加上开除等手段，目的就是为了让员工心怀恐惧地努力工作。更有甚者会将当前的人才市场激烈的竞争态势分析给员工看，然后找些相关的显示竞争激烈的数据，或者将一些招聘场面或人才市场的人头攒动的图片拿给员工看，让他们意识到竞争是激烈的，给员工带来恐慌和震撼，通过反差，让员工意识到在这种竞争状况中有个工作不容易，要懂得珍惜，从而达到洗脑的目的。

曾有专家解析过，洗脑式管理风靡的原因在于有些行业对员工的文化素质要求不高，员工收入相对较低、前途不明、处于弱势地位，因而较易受管理者管控，也较易进行洗脑式管理。但通常这些行业人员流动性较大，因此想办法在短时间内将员工的积极性调动起来，提高执行力，降低人员的流动率就成了管理者的重要任务。

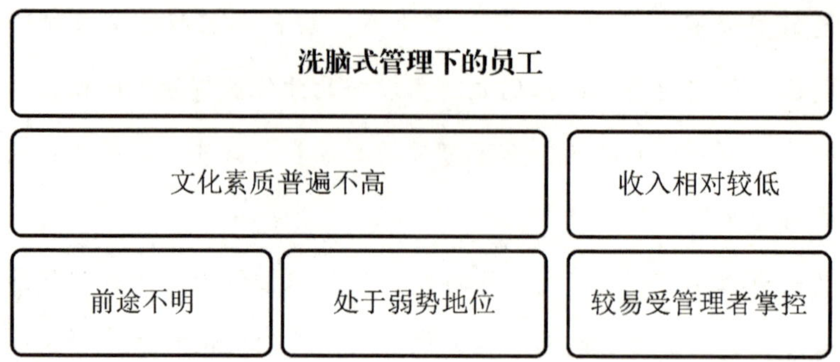

90后员工入职时间尚短，技能、观念上等存在不足，因而需要培训，这是常态。更重要的是90后员工对公司的忠诚度、责任心、职业操守、公司文化等，这些才是培训的重心。如今，公司普遍重视员工培训，一些大型公司每年的培训经费达千万元以上，除了注重员工的技能培训外，还格外重视员工的心态培训，培训师都是由实战型专家或者企业优秀管理者担任。

如今公司员工队伍呈现年轻化已是趋势，80后已经接棒，而90后也在快速成长中。管理的实质就是沟通，不能强硬对员工洗脑，这是在自由主义的熏陶下成长起来的90后员工难以接受的，他们更喜欢有针对性、方式灵活、互动性强、轻松有趣的沟通方式。

倾听的三个层次

倾听在现代汉语中的释义为“细心地听取”，倾听与述说是人们言语交际的两种基本行为。

现代社会，能言善辩者不乏其人，懂得倾听的人却少之又少，而倾听是管理者应具备的关键素质之一。

很多管理者不愿意倾听员工的意见，特别是90后这一年轻群体的意见。而管理问题在实质上就是沟通问题，换句话说，管理中80%的问题都是由于沟通不畅所导致的。不会倾听自然就会影响到沟通的效果，进而影响到管理的效果。

不是你听到了员工所说的每一句话就是倾听，倾听不等于听见，甚至更有管理者认为“倾听是人与生俱来的本能，是出生时就会的”，这种想法很危险，会导致管理者疏忽学习倾听的技巧，忽略了倾听这一重要的沟通方法。实验证明，少了倾听这一能力，往往可能会错失良机，甚至会因未能了解对方真实意图而产生误会，做出错误的决策，或者未能及时发现问题而导致危机出现。

倾听指通过视觉、听觉接收说话者的信息、情感、思想并伴随着充分尊重与积极回应态度的一种情感活动过程，既是言语交际行为，也是心理活动。根据美国语言学家保尔的试验证明，在日常的人际交往中，听占比45%、说占比30%、读占比16%、写占比9%，可见听占比很高。但倾听并非只是用耳朵去听，而是要全部身心投入到说话者的语境中，要明白对方言语的信息，也要明白其他非语言的信息，从而明白对方的真实意图。

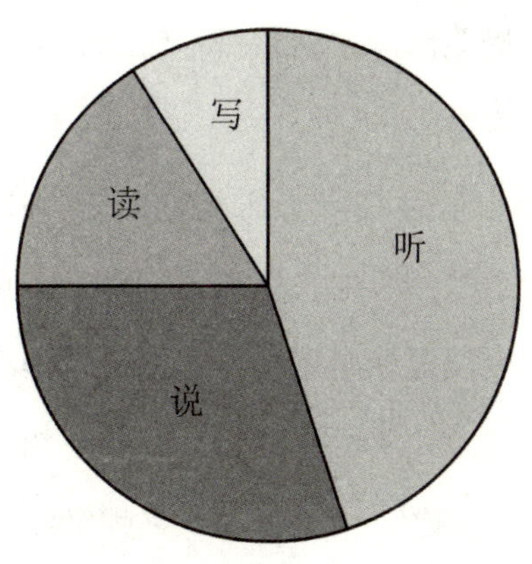

倾听，并非代表你认可对方的谈话，而是代表你对对方的尊重，善于倾听者易给人留下礼貌、大度、尊重人、易相处的印象。会说，只是显示你的能力；会听，显示的是你的修养。每个人都有表达自己想法的权利，而90后由于思维活跃，更希望自己的话能被认真倾听，尤其是当这个人是他的领导时，别人的认真倾听会让他觉得被重视。

倾听是可以通过训练而获得的一项技巧，在听的过程中，给出建议、分享情感，如此双方才能了解对方的真实意图，创造性地解决问题，而不是互相踢皮球、推诿。

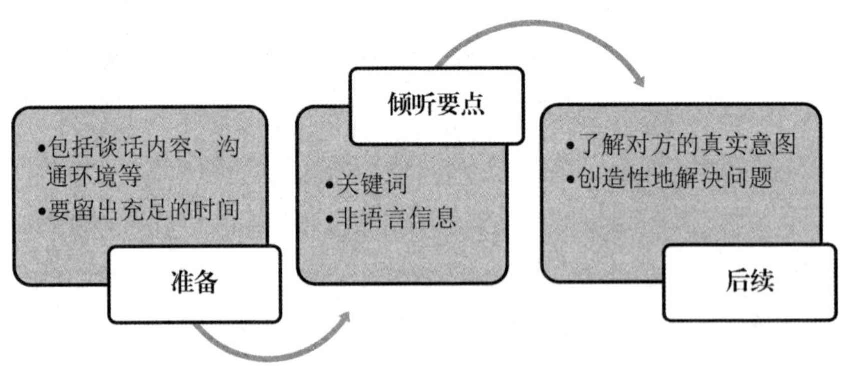

松下幸之助是全球知名的企业家，被誉为“经营之神”，他从一个小小的脚踏车学徒逆袭成为管理近百万人的跨国大企业的总裁。有一次他接受采访，对方请他用一句话来概括管理之道，松下幸之助的回答是：“细心倾听他人的建议。”

管理者善于倾听，就会在与员工沟通的过程中，创建一种积极、正面的氛围，促使员工敞开心扉，让员工感到被尊重、被理解和有安全感，因而会更自信、更积极地对待工作并支持管理者的管理。另外，获得员工的真实反馈可制定切实可行的方案，及时纠正管理中的错误，避免造成不必要的损失。反之，员工将没有兴趣继续向管理者反馈真实的信息。而切断反馈信息通道，管理者就成了高高在上的“孤家寡人”。

根据影响倾听效率的行为特征，可将其分为三个层次。倾听效率逐渐提高，其实也是沟通能力、交流效率提高的过程。不过多数人只能做到层次一与层次二的倾听，做到层次三的倾听者少之又少。

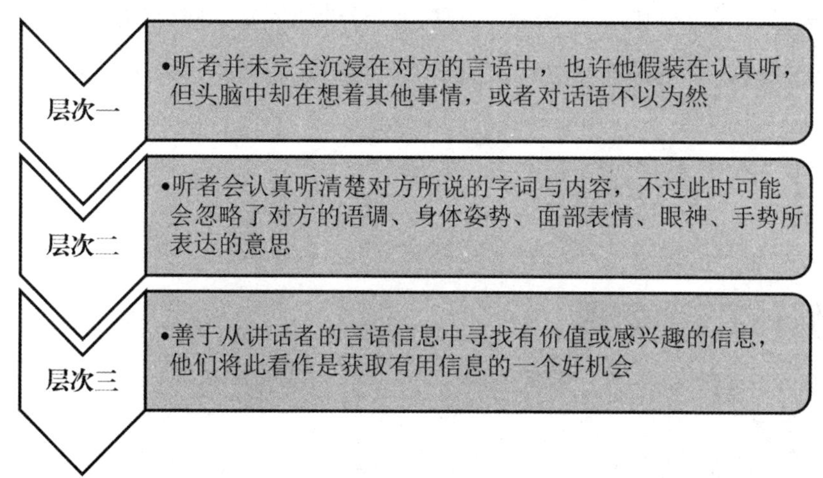

层次一：此为最低级别的倾听，处于最原始的阶段。在此阶段，听者并未完全沉浸在对方的言语中，也许他假装在认真听但脑中却在想着其他事情，或者对话语不以为然、想要辩驳等，不管哪种情况，他更感兴趣的是说，而不是倾听。层次一的倾听，易于导致管理者与员工间产生冲突、矛盾，而影响到决策制定的科学性与准确性。

层次二：沟通的要点之一就在于理解对方话语的含义。在此阶段，听者会认真听清楚对方所说的字词与内容，不过此时可能会忽略了对方的语调、身体姿势、面部表情、眼神、手势所表达的意思，会听不到对方变动的语调，看不到对方身体姿势、眼神、面部表情、手势所透漏的秘密。此时回应对方的可能是点头，表示正在倾听，而不会询问问题，对方可能会认为你完全听懂了他的言外之意。误会就这样产生了。

层次三：达到此层次的倾听者，其实已经是个非常优秀的倾听者了，这类人善于从讲话者的言语信息中寻找有价值或感兴趣的信息，他们将此看作是获取有用信息的一个好机会。他们不会急于进行判断，避免因为主观原因而轻易做出武断的评价或者受对方的言论影响，而是用心去感受对方言语中所蕴含的情感，设身处地地站在对方的角度看待事物，掌握对方谈话的初衷与目的，善于询问对方而不是急于辩解、打断对方。

倾听的三种表现

根据倾听者的心理状态和倾听时的表现，可以划分出三种心理状态的倾听，而每个心理状态的倾听又可细分为三部分。了解这些信息，管理者可对照自身的倾听状态与行为，找出自身存在哪些不足，从而加以改进，更好地与员工沟通，获得理想的效果。

◎ 浮于行为层面的倾听

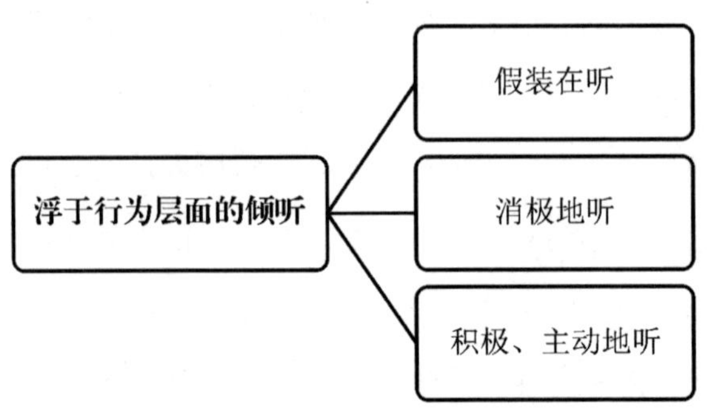

①假装在听。只是摆出一副认真倾听的姿态，但头脑中却想着其他事情，或者在内心评论对方的容貌与衣着，总之没有认真听对方的讲话。这种心不在焉的状态会让讲话者察觉，感觉不被重视，如果倾听者眼中再流露出居高临下或者不屑的态度，则可能引发对方的反感或抵触情绪。浮于表面的倾听，根本无法获取有价值的信息，更会影响到双方的关系。

②消极地听。被动、被迫无奈的倾听，就像是心不在焉听着收音机，听得到声音，但并未往心里去，没有理解内容的真正含义，也无法明白对方的话外之音。此种行为的倾听虽然接收了对方提供的信息，但却没能积极回应对方，会让对方误以为自己的讲话毫无意义，因而丧失继续讲下去的兴致和信心。

③积极、主动地听。这时所有的重点和注意力都放在对方身上，积极、主动去聆听对方所讲的每一句话。这种积极的状态似乎在向对方表明：你讲述的内容很有趣，希望你能多讲述一些。此时对方感受到这种积极态度，备受鼓舞，觉得自己很重要，因而会更加积极、热情地讲述下去。

◎ 认知层面的倾听

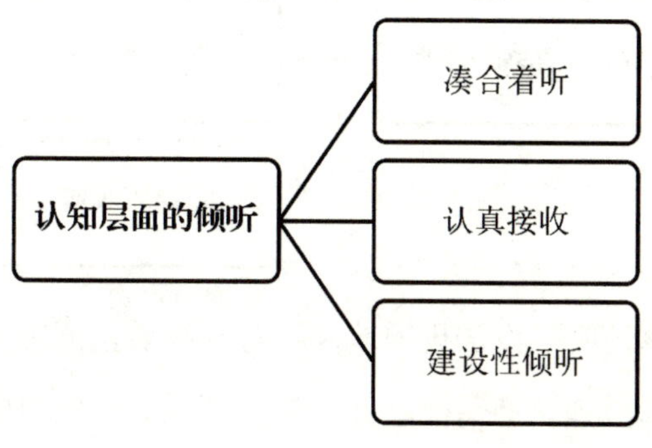

①凑合着听。用自己的思维习惯、理解方式、个人经验来快速了解对方的讲话，并作出价值判断。此种判断主观意识太强，很容易导致将自己的见解、观点、价值观等强加给对方，而不站在对方的角度去思考，较易得出一些不客观的结论。

②认真接收。暂时将自己的想法、观念等弃之一边，而是主动、积极地去捕捉和接收对方的讲话信息，并站在对方的角度上考虑到对方的背景、经历、立场、利益所在等，探求其言论背后的真实含义，理解其这样说的缘由。这是最基本的倾听方式，做到这一步很简单，是任何人无需刻苦训练就可以掌握的。

③建设性倾听。积极主动倾听对方的谈话，且会给与对方反馈，同时会注意不让自己的主观意见影响到自己对谈话的认识，将双方置于平等位置上进行沟通，建设性倾听的同时也建设性思考、建设性反馈。此状态对倾听者个人素质要求很高，既要善于自我反省，也要有博大的胸怀，放下权力、地位、荣誉等，如此双方才能平等沟通。

◎ 投入情感的倾听

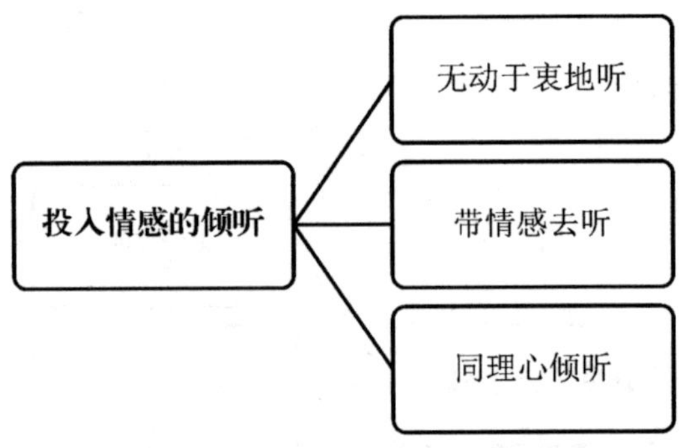

①无动于衷地听。没法投入地倾听对方谈话，情感上无动于衷，即使对方讲到言辞激烈、动情恻隐处，倾听者也无情感回应。讲述者就会

压抑自己的情感，在接下来的讲述中毫无情感，也大大降低了其讲述的热情，使沟通流于表面，无法达到相应深度层面。

②带情感去听。在倾听时懂得接纳对方的情绪反应、情感流动，并作出合适的、合理的反应，表示理解对方的这份情感。在此状态下，讲述者感到被重视，情感被理解，倍感鼓舞，因而在接下来的讲述中乐于表述更多的情感。

③同理心倾听。人同此心，情同此理，同理心是人类最崇高的特征之一。同理心又叫做换位思考，入神、共情，指能够站在对方的立场上，从对方的角度出发思考的一种方式。在现实的人际交往中，可以体会他人的情绪和想法、理解他人的立场和感受，并站在他人的角度思考和处理问题。在倾听中与对方在情感上产生共鸣，随着对方的悲喜而悲喜、欢乐而欢乐。此为较理想的状态，能做到这种程度的都是倾听高手。

学会倾听，管理迈出一大步

“你有什么看法？”这句话几乎是一些管理者的口头禅，当员工与他们沟通时，当员工询问到某些问题时，这些管理者就会抛出这么一句话，通过反问回答提问，用此方法来指导员工。而通常情况下，员工会提供一个答案，这个答案或许比管理者的答案更为巧妙。

这是管理的一大诀窍，特别是当管理者并未有准确的答案时——这对从事极具创造性的工作的人而言并不少见。不过要想使用这一诀窍，前提是管理者要重视倾听。唯有倾听员工讲述，才能发现他们所阐述的重点，并及时予以反馈。

公司是不断变化的，可能变得很好，也许变得很差，但很少能维持不变。不只是事务性的变化，如各类项目的变化，而且由于人员流动，新的员工加入，组建新的团队，这些都给管理工作带来极大的挑战。变量如此之多，稳定的要素如此之少，因此作为管理者要想办法提高掌控能力，确保利益最大化。

在管理实践中，倾听始终处于被忽视的地位。而如果能合理地利用这一方式，多聆听，少讲话，尤其要少讲洗脑的话，则能大幅提升我们的管理效果，尤其是在跟90后员工沟通时，采用倾听效果会更佳。如果我们滔滔不绝地讲述，他们不见得乐意听。而且研究也发现，即使讲得再多，只要过段时间，听众就会忘记大部分内容。

要掌握倾听这一技能并不简单，有一个技巧可帮助管理者快速掌握倾听技能，将之用于管理上，以获得理想的管理效果，那就是360度倾听法。

所谓360度倾听法，指事无巨细地听对方阐述。能听出别人为何这么说、说什么，也能听出他们没说什么，通过语言透露了什么，他们对哪些话题较为感兴趣，或者逃避哪方面的内容，或者是行为、表情等透露了什么，为什么谈论这个话题时他的表情那么痛苦，为什么谈论另一话题时他却很兴奋。管理者明白对方的真实意图以及接下来的可能行动，为管理提供了很多有价值的信息。

要留给倾听足够的空间和时间。倾听氛围很重要，而空间是影响氛围的一大要素，同时要留出足够的倾听时间。试想，你听到一半就不得不退出，尚未等到员工吐露心声也是蛮遗憾的，有了足够的时间才能思考双方的沟通内容。当管理者不受空间和时间限制时，其倾听时越用心，就越能接收到有价值的信息。

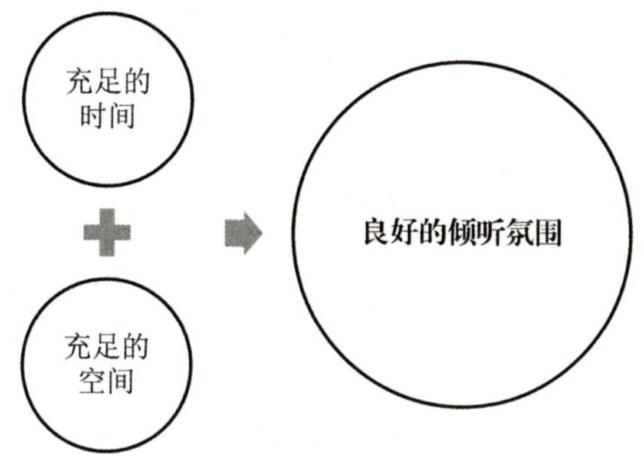

只有一对一，双方彼此坦诚相待、真诚沟通时，才能建立一种沟通的默契，才能产生连接，才能在接下来的沟通中有所收获。相反，如果员工跟你汇报工作时，你开着电脑一边处理工作任务一边侧耳听，或者是不时看下手表，此时是谈不上什么倾听效果的。相信作为管理者的你也会有这种感受。

很多优秀企业被问及管理的技巧时，尤其是大型企业，员工人数众多，如何将企业管理得更好，他们的回答就是倾听。尤其是涉及新项目，或者他们并不了解的业务时，他们不得不倾听其他员工的看法，在沟通中了解与掌握业务，询问每个与业务相关的人员。倾听得越多，就越容易了解项目或者业务，能在短时间内从各方面对项目或业务有个客观的认知，也就越容易下结论，同时倾听得越多，通常决策也就越正确。

那么除此之外，管理者在倾听中还应注意什么，才能快速提高倾听的技巧呢？

◎ 眼神沟通

这是最能传神的非言语沟通方式，“眉目传情”“暗送秋波”等词语表明目光在情感沟通中的重要作用。眼睛传递出的信息很微妙，既能让对方感受到你的善意，也可感受到你的恶意。在西方国家中迎合他人眼神被视为诚实的、可靠的，以及透露出热情参与沟通的积极信号。而且作为心灵的窗户，内心所想都可通过眼神传达出来，这对沟通效果影响甚大。

在倾听过程中，管理者应看着对方的眼睛，表示自己在关注对方；当想发表建议时，则不宜迎合对方的目光；当倾听完毕后，将目光转移到对方的目光上，就像是在询问“你认为我的话对吗”，或者能提供暗示给对方，即“现在该轮到你讲了”。在沟通中这是种很常见的眼神运用技巧。

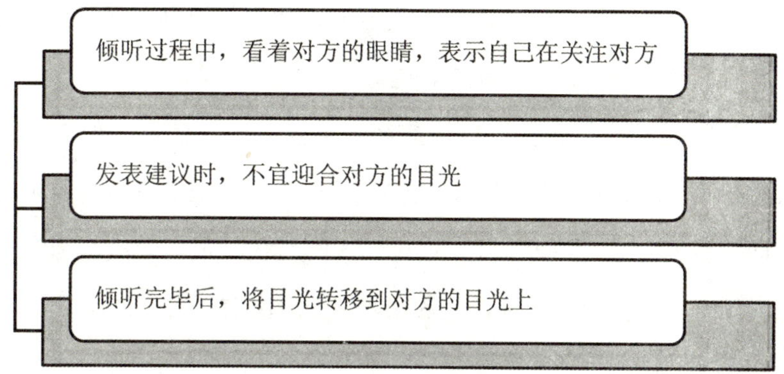

◎ 留出足够的时间

不要将每天的日程都安排得满满的，要留出空闲时间，这段时间可用于反思，可用于倾听他人阐述。如果没时间，可试着缩短会议时间，有些会议用不着非得开一个小时，节奏快些，30分钟足够。或者让团队中某个员工代替你去开会等，只要管理者想留出时间，肯定是可以做到的。拥有充足的时间，在倾听别人谈话时，你才会放下手机、放下电脑聚精会神地倾听，如此双方才能快速进入沟通状态。

◎ 问更多的问题

在倾听中，对方会根据管理者所问的问题来判断其是否在认真倾听，如果是认真倾听，那么心里就可能会有多个问题，为了解惑，管理者就要提问。如果没有认真倾听，即使想提问，也找不出问题来。问更多的问题，也表明了管理者对此话题感兴趣，对方见谈话有人乐于听，他也就更乐于讲述。

当然，在倾听过程中不能一味地问问题，有时对方阐述，是因为需要安慰、指导或者总结等。对于此类情况，我们不能再询问问题，而是要帮助对方答疑解惑，给予安慰、指导或者作出总结。

在互联网时代，我们可以快速获知世界各地的信息，但却对眼前的人过于陌生。管理者应留出时间去学习倾听，与员工进行高质量的沟通，即使我们处于“互联网+”连接一切的时代，最有效的沟通方式仍是认真倾听。学会管理，是管理者在管理上迈出的一大步。

积极倾听，让员工打开话匣子

美国芝加哥有一家以制造手机配件为主营业务的工厂。工厂待遇不错，薪酬很高，为员工提供各项保障，且生活和娱乐设施都很完善，按理说，这里劳动强度不高，各项待遇都很不错，员工应该很积极地工作。但令人吃惊的是员工工作的积极性并不高。

管理人员很困惑，于是邀请几位管理专家前来查看、解决问题。专家们到工厂后，随即与员工展开沟通，认真倾听员工代表的话语，记下他们对公司的不满和意见。在谈话过程中，即使员工谈到很不合理的地方，专家们也不打断其谈话，更不会反驳与训斥，而是鼓励员工继续尽情去讲述。结果谈话完毕后，员工的工作效率几乎翻了一番。自此以后，倾听员工谈话的活动就成为厂里的一项硬性规定，每月至少要与员工沟通一次，且在谈话过程中不得打断员工，不得训斥员工。实行这项规定后，两年来员工的工作效率始终保持着高效状态，产品产量有了大幅的提高。

只是倾听，不打断员工谈话，不反驳与训斥员工，不对员工进行洗脑，就可获得这样的效果。如果管理者善于倾听90后员工的心声，在能力范围内帮助他们，认真听他们讲话，那么员工将获得更大的工作驱动力，其效率会大幅提升。

人有种共性，即易受到氛围的影响，在沟通过程中，如果对方善于倾听、懂得情感回应，会感到被尊重、被重视。很多时候，员工对管理者的不满并非源于工作辛苦，而是觉得自己的意见、反馈得不到重视，而管理者多聆听，就可化解这种不满情绪。通常而言，员工将这些说出来后，心情就顺畅很多。员工也许说得不全对，但总有他的道理，有时候因为双方的立场、出发点不同，因而导致工作误会丛生。

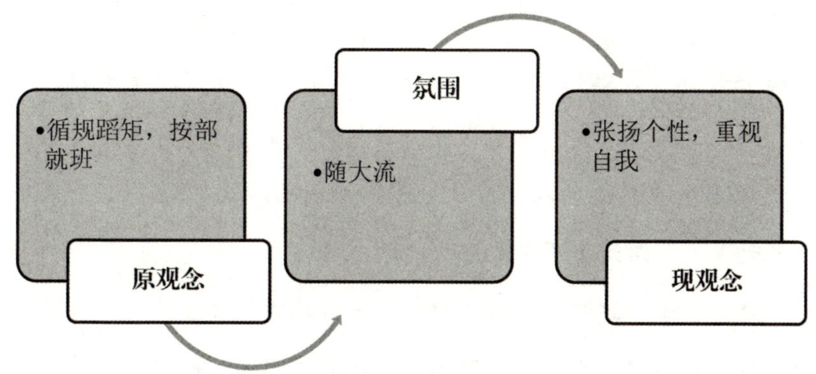

善于倾听的管理者较易获得员工的信任，拉近与员工间的距离，促使员工敞开心扉，双方坦诚交流。管理者可知员工的想法与看法，

可针对性地采取措施，更好地完成管理任务，同时最大化发挥员工的潜力。

孙红艳是某文化传媒公司的经理，最近公司招聘了一位90后员工璐璐。她每天总是很开朗，将笑容带给大家，仿佛不知什么是忧愁。不过最近几天，孙红艳发现璐璐情绪有些低落，上班时就闷闷不乐地坐在椅子上，谁也不搭理，同事跟她开玩笑也无法逗笑她。

一开始，孙红艳认为这可能是璐璐一时的失落，过段时间就好了，然而璐璐却越来越不搭理人，冷漠如冰，与先前的“活宝”形象截然不同。某天，璐璐竟然跟客户吵起架来，客户投诉到孙红艳处。

孙红艳觉得这样下去不是办法，会给工作带来严重的干扰，甚至影响到周围其他人，让公司处于一种微妙的氛围中。她并未直接指责璐璐，而是请璐璐下班后一起吃晚餐。餐桌上两人很平静地对话，直到说起二次元文化时，璐璐的话闸子才被打开，她滔滔不绝地讲了很多。

晚餐后，孙红艳说：“璐璐，最近工作很辛苦吧。要学会照顾好自己，看你最近心情好像很差，要不要休息一段时间。”然后眼含关怀之情望着璐璐。

璐璐告诉了孙红艳心情不佳的原因，源于其与相爱五年的男友分手了，两人大学时恋爱，感情很深，没想到毕业后才一年多就分道扬镳了。璐璐是个重感情的人，此次分手对她打击很大，她一下子很难接受，几天来，情绪到了几乎失控的边缘。

在璐璐讲述的过程中，孙红艳一直安静地听，并没有打断璐璐，而是听完后，将璐璐抱在怀里，璐璐一下子哭了出来，而孙红艳依然无言地拍着她的肩膀。这让璐璐心理很受用，虽然孙红艳什么都没说，但在哭诉过后，璐璐感觉自己已经好了很多。而此时孙红艳提议璐璐请假休息几天，看看美景放松下心情、调整下情绪，早点走出感情的低谷，做回那个让大家快乐的开心果。

璐璐很快走出了感情阴影，且以非常干练的形象出现在公司里，对待工作兢兢业业、力求完美。这一方面是因为她的责任心驱使，另一方面则是由于孙红艳的积极倾听，给予了她发泄的机会，她对此心怀感激，因而在工作中热情迸发、积极主动，很快成长为公司的优秀员工。

倾听是与员工进行沟通的有效手段，作为伴随互联网长大的一代，90后员工的见识不一定比不过管理者，而且在某些方面90后员工可能更占据优势。沟通并不代表着要多说话，像孙红艳这样认真倾听，然后给出建议，帮助璐璐快速走出了情感低谷。如此一来，璐璐状态变好，能够按质保量地完成工作，也是孙红艳管理到位的外在表现。

作为管理者，不能养成端架子的习惯，不要认为自己说教时员工就该安静地听。如果将自己摆在高位，则拉远了与员工的距离，产生隔阂，也就无法了解员工的真实想法，这对管理工作是极为不利的。

管理者要善于做一个倾听的高手，“多聆听少洗脑”，同时也要及时给予反馈，以便鼓舞员工讲述更多的事实，从中获得更多有用信息，避免因管理工作的盲目性而导致工作出现偏差。

最不应该打断员工的六句话

职场中常会见到，有些较为强势的管理者在员工刚开始讲话时就直接打断，此举一来会让员工感到不被尊重，二来也彰显出管理者潜意识中的不自信，因为人通常总是在担忧谈话内容超出自己的控制范围时才会出言打断，以免失去面子。

然而有时，如果耐心点，多聆听员工的讲述，也许你会发现事情并非如你所想。作为管理者，应该降低对话语权的掌控度，多聆听，也许员工接下来的言论出乎你的预料。

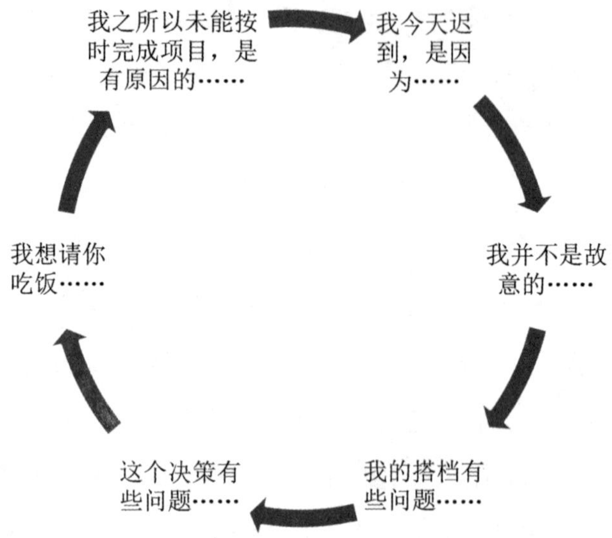

“我之所以未能按时完成项目，是有原因的……”

不能被打断指数：★★★★★

解析：在职场中，员工这句话被打断的次数非常多。在管理者看来，此言一出，就意味着员工要找原因推卸责任了，但他们对员工的要求是“只为成功找方法，不为失败找理由”，失败就是失败了，没有理由，任何逃避责任的行为都应被禁止。对90后员工而言，虽然他们入职时间尚短，但他们并非无担当之人，在工作中他们会承担起自己的责任，而如果造成失败的主要原因不在他们身上，他们也不会将原因揽到自己身上。

在多数时候，管理者所以为的“借口”很可能是自己所疏忽或者尚未察觉的一个重大问题，如果此时能够听一听“借口”，则能做出针对性的纠正，下次就能正确地决策和部署。

“我今天迟到，是因为……”

不能被打断指数：★★★★

解析：职场如战场，纪律严明，公司的各项规章制度是公司成员都应该遵守的，任何人都没有例外。而当员工迟到时最常使用的语言就是上面那句，管理者下意识地将此语言当做是找借口的开始，因而常开口打断员工讲话。其实这也是管理者对员工不信任的表现。尽管90后生性散漫，崇尚自由主义，但他们也不会习惯性迟到或早退。

某家公司的一名90后会计人员迟到了，刚开口说“我今天迟到，是因为……”，管理者并未等他讲完便打断了他的谈话，这名会计人员觉得很委屈，于是愤而辞职了。

90后员工动不动就辞职的新闻屡见不鲜，人们也将原因归咎于90后不成熟、没责任心、没担当，却从未想过其他原因。

像这名会计人员他之所以迟到，是因为在路上遇到一位老友，而且对方是位对公司产品很感兴趣的潜在客户，他便向这位老友介绍了很多公司产品的知识，所以就迟到了。但管理者却粗暴打断了他的话，不听他解释，不仅是将一位时刻为公司利益着想的人才赶走了，还间接赶走了一位公司的潜在客户。

“我并不是故意的……”

不能被打断指数：★★★★★

解析：在很多管理者看来“我不是故意的……”这句话，就相当于是“故意的”，下意识认为员工在推卸责任，然而事实可能并非如此。在职场中每位员工都有犯错的时候，不过即使犯错，也该听听员工的阐述，听听他的理由，以便了解犯错的原因所在，为下次避免出现问题做好准备。而且犯错通常是多方面因素造成的，有些因素是员工无法掌控的，了解原因，才能做出正确的判断。

如有位很有责任心的90后员工，在工作中由于用力过度导致手部受伤。但为了不耽误任务的进度，他瞒着未上报而坚持去工作。在工作时因为手部受伤位置突然疼痛起来，他失手打坏了一件产品。管理者见状将其严厉地批评了一顿，说他不认真工作、太马虎云云。员工感到很委屈。带伤工作可以证明他是位很有责任心的员工，但管理者却不给他解释的机会。

“我的搭档有些问题……”

不能被打断指数：★★★★

解析：此话一出，管理者下意识地就将员工视为打小报告，因而会不耐烦地打断其谈话。职场有其规则，有些管理者非常讨厌打小报告的员工，他们认为这是员工心术不正的表现，不想着认真工作，反而想着走些旁门左道来讨好管理者，以获得信任。其实管理者可能误会了员工，此时不妨了解下真正的实情。如非迫不得已，很少有人会在管理者面前说自己搭档的问题。如果是无关大雅的小毛病，管理者可批评他缺少团队意识，无理取闹，让他好好反思；如果员工说的是事实，则应找出管理上的漏洞，制止相关员工的不良行为，保障其他员工的权益，如此才能服人。

“这个决策有些问题……”

不能被打断指数：★★★★★

解析：管理者位高权重，很多时候为维护管理权威，不愿意听到有人反驳自己，在他们看来，反驳就是质疑自己的管理，这会让他们感到不舒服，为了避免这种不舒服感的出现，他们就即刻打断员工讲话。此种做法是很不明智的。“智者千虑，必有一失”，即使管理者能力再超群，也要听听员工的建议，集众人智慧，才能避免决策走向误区，促使决策更加正确与完善。敢于顶着管理者的权威提出质疑，也表明了员工是有进取心的，是真正为公司着想的，而非故意冒犯管理者的权威。

“我想请你吃饭……”

不能被打断指数：★★★★★

解析：在现实职场中，确实有些90后员工会对管理者说出这句话。而具有传统管理意识的管理者认为“无事献殷勤，非奸即盗”，认为员工别有所图。然而，这是思想狭隘的一种表现。

90后员工虽然多数喜好沟通、见多识广，但并非所有人都能轻松与管理者处理好关系，且有些人并不擅长在严肃的办公室里表达心声，他们请管理者吃饭，就是希望能在一个轻松、自在的环境里，充分表达出自己的想法。在影响沟通效果的因素中，环境是非常重要的，越是轻松的沟通环境，双方越能谈得来，也越愿意吐露心声。有时员工请管理者吃饭就是抱着吐露心声的目的，而非拍马屁或有事烦扰。

有位很优秀的90后平面设计师，因为家中有些烦琐事，导致心情低落、苦闷不已，最近已经影响到任务的进度。而上司是他迈入公司时的偶像，他希望能找上司谈谈心，以获得安慰和鼓舞，早点走出情绪低谷。然而他刚开口邀请上司，对方就直接打断了他。结果家事让这位员工越来越苦恼，导致工作状态越来越差，严重拖累了团队的进程。不久后，这名90后员工干脆辞职了。如果当初管理者接受了这位员工的邀请，听听他的烦恼，给予他一些鼓励，那么，结果也许会截然不同。

事实上，在职场中管理者不应该随便打断员工的讲话，哪怕对方的言论听起来像是“找借口”“推卸责任”，也应多聆听，也许事情会跟管理者想象中的不一样，如此才能细致入微地做好管理工作。

第 5 章　有效沟通——用“90 后的语言”进行沟通

沟通是由形形色色的语言符号所构成的交流过程，没有一种语言是停滞不变的，随着时代的不同、社会的发展，语言也会不断更新。作为重视个性的一代，90后也有自己的语言体系，如果运用“90后的语言”跟他们沟通，则可达到事半功倍的效果。

别做“沉默型”的管理者

讲个简单的案例：

管理者办公室着火了，火势很小，他跑到门口对刚走过来的员工说：“快一点，提桶水过来。”员工边走变想，水桶在哪儿呢？水桶找到了，去哪打水呢？对，食堂有，赶紧过去。等员工打水回来，看到管理者的办公室着火了，火苗都蹿出窗外了。

管理者发现火情后，便命令员工去拿桶水，员工没有看到屋内的火情，只是机械地执行拿桶水的命令，并不知道拿水干什么。员工知道实情后，抱怨说：“如果早知道是火灾，我办公位附近就有灭火器，何必非得跑到远处辛苦打水呢？”

如果管理者说：“有火情，你快一点拿桶水进来！”员工执行命令时会想，有火情，要赶紧救火，不过救火并非一定用水，我办公位旁边就有个灭火器，用灭火器很快就解决火情了。

此为沟通障碍的案例，说明如果缺乏有效沟通，则无法明白对方的意思，就很难将事情做得圆满，甚至出现失误。

在管理中，沟通是必要的，是获得信息的重要渠道，不管是制定决策还是执行决策，都少不了沟通这一环节。决策再好，计划再完善，都少不了与员工沟通，在沟通中获得有价值的信息来进一步完善决策、计划，而且决策、计划的实施也离不开与员工的沟通。

职场中的很多经验教训表明：工作中的多数矛盾、冲突、误会、问题等产生的原因都是沟通不畅，既包括未能及时沟通，又包括沟通不到位等，这一点在“沉默型”管理者身上体现得更为明显。而善于沟通的管理者在工作中遇到的麻烦则少很多。因此，与员工进行有效沟通是管好人、理顺事的要点，如果双方未能有效沟通，有价值的信息就无法更好地传达，员工在处理工作时难免会出现一些失误。

从下面两个数字中可直接领悟到沟通的重要性——两个70%。

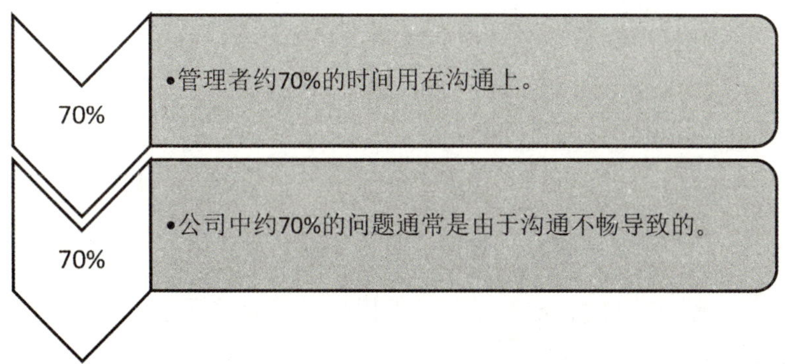

第一个70%，即管理者约70%的时间用在沟通上。开会、谈判、演讲、作报告、交代任务、跟踪任务进度等皆为常见的沟通方式，在外拜见客户、约见客户等也是沟通，还有书写演讲稿、书写报告等也属于沟通。可以说，沟通占据了管理者日常的大部分时间。

第二个70%，指公司中约70%的问题通常是由于沟通不畅导致的。如公司团队效率低下、执行力差、氛围较差、员工对工作执行不到位等，多数是源于管理者与员工沟通不畅。如管理者与员工在任务上缺少沟通，员工可能认为任务不紧急或者按自己的方式去处理，结果到期不能完成任务或方式不合适。直至年终时管理者发现员工未能完成年初的绩效目标，对其在工作中的期望也未能实现，管理者常有种恨铁不成钢之感。

调查发现，出现这种现象的主要原因在于员工对管理者所提出的目标或期望等了解得不够清晰，导致其在工作上缺乏方向，不管是管理者表述缺乏技巧，还是员工倾听得不够，究其本质是因为未能有效沟通造成的。

职场中的很多90后员工，有时他们工作业绩不理想，执行能力差，可能并非是因为他们年轻、没有责任感，而是缺乏与管理者的有效沟通，导致双方都未能明白彼此的意图，尤其是遇到沉默型管理者更易发生这种事情。作为管理者不应该“沉默是金”，要及时与员工沟通，互通有无，协同合作共同将任务完成。

作为管理者有两个能力非常重要，一是沟通能力，二是管理能力。但缺乏好的沟通能力，管理能力也无从谈起。这一点沃尔玛总裁山姆·沃尔顿很是认同，他曾说：“如果你一定要将沃尔玛的管理体制浓缩为一句话，我想就是沟通，那是沃尔玛成功的真正关键之一。”

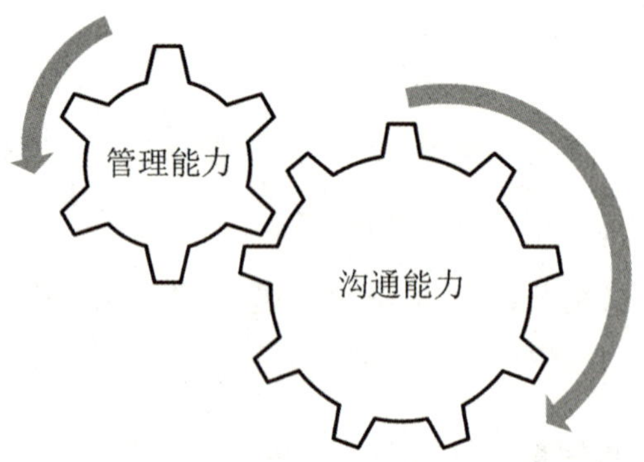

与员工沟通，随时了解业务进展情况，共享公司的信息，是保证员工按时完成任务的重要渠道，是联络情感的核心。通过沟通促使员工具有参与感、责任感，意识到自身工作对公司的重要性，从而感到

被公司尊重与信任，为了不辜负这份信任，员工就会积极努力地去做出更好的成绩。

沉默型管理者在制定决策时多数基于自身对行业的见解、对工作的认知和工作经验，而很少有来自于基层的信息，也就是不与员工进行沟通，认为制定决策或者战略目标是管理者的任务，员工只要执行就好。但员工对决策或战略缺乏了解，执行工作难免会有差错。因此在管理中，重要的是对各部门的意愿、员工的想法等及时进行沟通，形成共识、达成一致，这样才能朝着一个方向前进。否则，管理者说向右，员工则可能会向左。

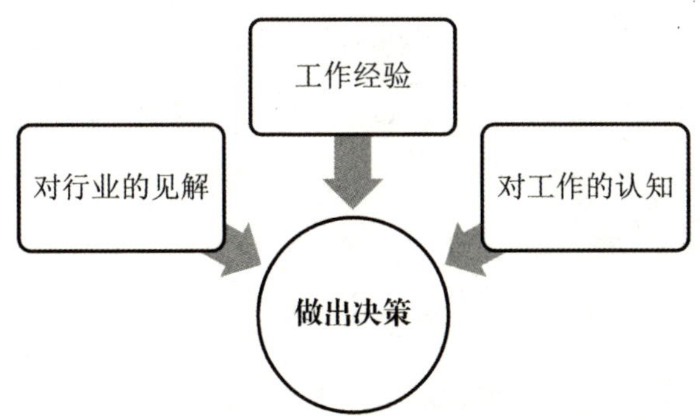

绝对服从管理早已落伍，跟不上时代需要，现代管理是基于相互沟通建立的。优秀的管理者无一不在沟通上下了苦功夫。所以，不要再做个沉默型的管理者，要对员工说出你的想法。如此管理才能事半功倍。

90后的语言体系

你可以试验一下：你指着一张照片，问照片上这个人长得怎么样？

70后与80后会说很帅气、很漂亮，而90后则会说："额，这个屏幕有点脏。"遇到管理大师，70后与80后会说"早就听闻您的大名，我们很敬佩您"，而90后则笑呵呵地抛一句："你们城里人真会玩。"

显然，90后的语言逻辑与70后、80后有着明显差别，而现在管理者多数都为70后和80后，他们接触的是传统的管理理念，拥有的是传统的话语逻辑，在管理中他们发现与90后经常不在一个"频道"上，经常听不懂90后在说什么。而要管理好90后，就要去适应90后的语言逻辑，熟悉他们的语言，用他们的语言与他们沟通才能走进他们的世界，如此才能更好地管理他们。

有些管理者可能有时会听到90后员工轻声说"切——"，此词在很长一段时间里是90后的口头禅，如果他对你讲的话不以为然，就会习惯性地吐出一个字："切——"。尽管有些管理者禁止90后使用这种语言，但长期养成的习惯短时间内是无法改掉的。当90后下意识地说出时，旁边的人会诧异地看着他，他则恍然大悟，于是补充一句"菜——"，连起来就是"切菜"，甚至他会说："怎么样，我没违背你的指令吧。"令管理者哭笑不得。

"嗷！肥的！"管理者初听这句话，还以为是在说他长得胖呢。他下意识地看下自己，身材很标准，不胖啊，于是一脸困惑。其实90后在遇到很不可思议的事情时会使用这句话。

还有什么"886""大白菜""蛋白质""23333""玛丽苏""中二病""我好方（指自己好慌张）""吃土（特别穷，没钱吃饭，只能吃土了）""糊（形容网红过气，事情失败）""扩列（扩充好友列表的简写，意为交朋友）""狗带（go die，去死的意思）""6666（溜溜溜溜的谐音，指很赞、很厉害，根据语境有时也用于讽刺）""欧洲人

（脸白，指想要什么就能得到什么）”“吃藕（丑的意思）”等等。

我好方	•指自己好慌张
吃土	•特别穷，没钱吃饭，只能吃土了
糊	•形容网红过气，事情失败
扩列	•扩充好友列表的缩写，指交朋友
狗带	•go die，去死的意思
6666	•溜溜溜溜的谐音，指很赞、很厉害，根据语境有时也用于讽刺
欧洲人	•脸白，指想要什么就能得到什么
吃藕	•丑的意思

比如有员工会讲“被理发师忽悠剪了个吃藕的发型”“再不发工资连土都吃不起了”“要绩效考核了，我好方”“这培训太无聊了，我选择狗带”“刚才老大做了演讲，6666”等，如果你不懂得90后的语言体系，则无法真正明白这些话语，就无法了解90后员工的真实想法与意图，从而给管理工作带来困扰。

沟通是由形形色色的语言符号所构成的交流过程，没有一种语言是停滞不变的，随着时代的不同、社会的发展，语言也会不断更新。根据《图书馆学导论》记载，一个领域的语言体系就是这个领域所采用的词汇、句子以及表达意义的风格。所谓语言体系很大程度上反映了某个时代的某一群体的面貌，它是变动的、发展的。90后的语言体系体现了他们的价值取向，了解这个体系就能了解90后的价值观。

调查显示：25%的90后在择业时更倾向于经济效益好、福利待遇好的单位；55%的选择在大城市的单位；45%的选择能够发挥个人才能的单位。由此可见，与传统的偏向稳定的择业观不同，90后更在乎个人能力的施展，希望能不断地挑战、提升自己；敢于激流勇进，创造出属于自己的天地，坚信“人定胜天”。对比之下，有些80后则依赖感很强，希望靠父母、朋友、老师等关系网谋得工作，缺乏冒险精神，喜欢较为安稳的工作。

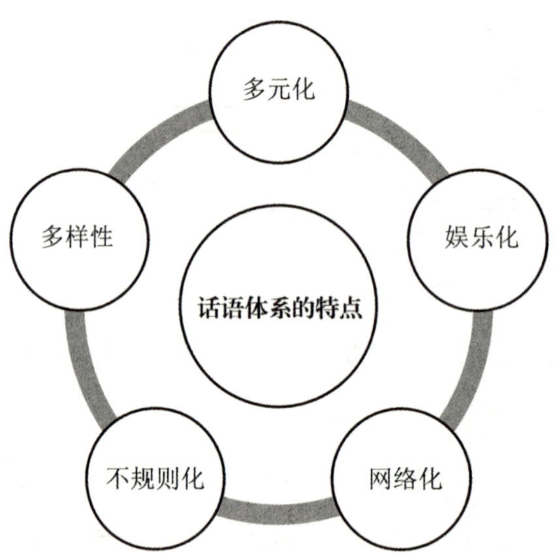

多元化，随着全球的经济、政治、文化等浪潮席卷而来，90后的语言体系也带着全球化的烙印，呈现出多元化的特质。文化发展始终是在多样性和差异性的相互辩证互动中进化的。90后的语言体系多元化也表明了其价值取向的多元化，这种多元化极易引起思想体系、行为规范、道德理念等方面的冲突与分歧。这也是90后员工较易与管理者产生冲突的原因所在。

多样化，主要指语言体系构成较为复杂、繁琐，既有网络语言、校园语言、宿舍语言等，也有火星文、博客语言、手机语言等，丰富多样，不同的场合甚至有相应的语言体系。

不规则化，主要指语言体系的广泛性与随意性。广泛性体现在无拘无束，没有国家、地域之分，有英文简化的语言、有方言、有数字、有谐音、有俗语等，如“有木有”“灰机”“伤不起”“给力”“摔锅”等。“有木有”就是“有没有”的意思，是河南、山东、甘肃、宁夏一带的方言。

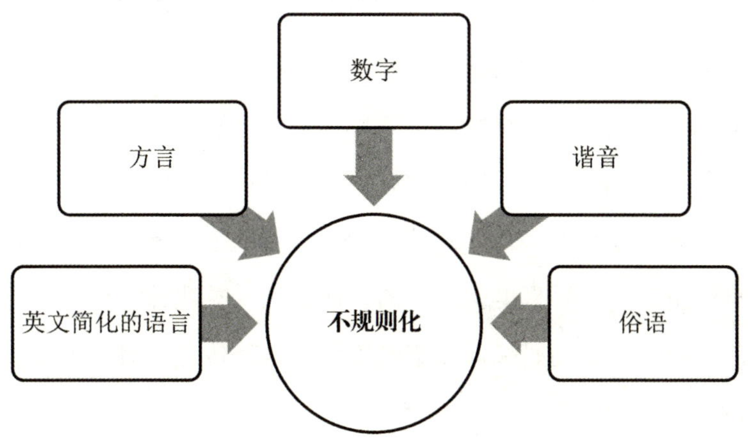

网络化。随着互联网的发展与普及，90后在思想、行为、语言体系上都具有网络化的特质，并因此形成了独特的网络语言，是其语言体系中较为特殊的构成部分。多数90后认为，使用网络语言更易沟通、调节气氛。如“杯具”“洗具”“范跑跑”“被就业”等网络词语。90后作为网络环境中成长的群体，正迈入以网络技术为支撑、以网络文化为内容、以网络社会意识为内涵的网络语言时代。管理者了解90后员工体系中的网络化，就可掌握语言策略，从而实现轻松沟通。

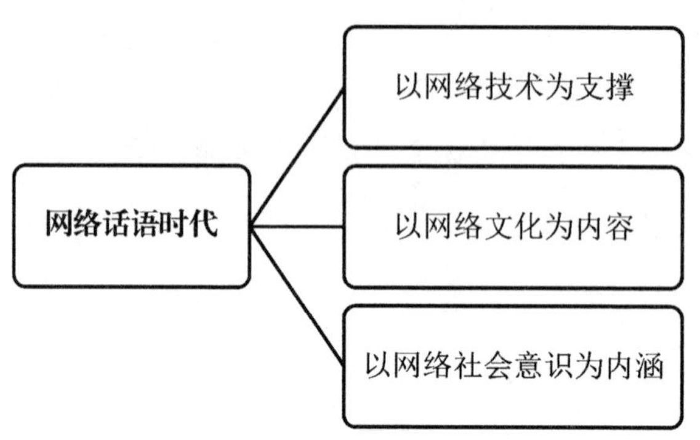

娱乐化。随着网络的普及，人们在网上沟通更倾向于使用轻松、幽默、有趣的言语，造成语言越来越娱乐化，这些语言对90后带来潜移默化的影响，如“管我什么事，我打酱油路过”“不差钱”“馒头”“靠谱”“灌水”“顶你个肺”等，这些词语运用在实际生活中，有时具有很大的优势。如90后在网上阅读文章时，发现写得不好，一般不会直接留言“写得真差”之类的，而是说“关我什么事，我打酱油路过”“楼主，你妈妈喊你回家吃饭”，就能传达出对楼主文章的不耐烦。

虽然在传统人士看来，90后的可能显得有些不伦不类而对其采取批评态度，但要想管理好90后，首先应该进行深刻的群体洞察，了解并熟悉他们所使用的语言，如此才能与他们在逻辑思维上一致；而后再运用好这种语言与他们进行无障碍沟通，说些90后的语言，让他们以为你是自己人，将其笼络为得力的助手。而且研究人员在调查中发现，打动90后员工的最关键的还是他们喜欢的方式与内容，包括在语言上投其所好。

用语言塑造“自己人”形象

能言善辩的管理者想来比沉默型管理者更易获得90后员工的喜爱，作为工作中的沟通媒介，语言在一定程度上可影响到管理者的个人形象和领导力。语言也是管理艺术的一部分，优秀的管理者善于运用语言来塑造自身形象，提升管理能力，更好地激发90后员工的潜力与创造力，帮助其快速成长，成为能够独当一面的精英员工。

90后员工虽然自由意识过强，不敬畏权威，不拉拢关系，但如果管理者给予他“自己人”之感，他就会愿意跟管理者亲近。俗话说，人以群分，而区分的要点之一就是语言。容貌、行为、语言三者被视为人的三种形象，而其中行为、语言的可塑性很强。

就如同你想融入某个管理圈子，就要与圈子里的人有共同语言，如此才能快速让对方视你为自己人，才会拉你进圈子。但如果你在管理上没有什么见解，反而大谈特谈生活琐事，那么则无法融入管理圈子。同理，要想与90后有效沟通，学会他们的语言，是你们拥有共同话题的前提，也是进行更深层次沟通的前提。

管理者只有提升沟通能力，运用沟通技巧加上熟悉90后语言，才能做到有效沟通。

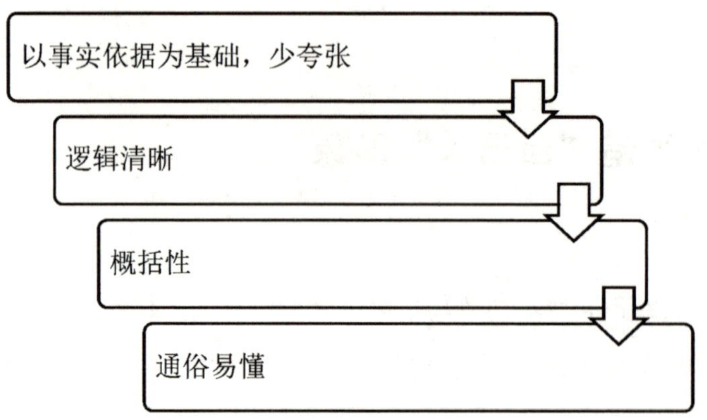

◎ 以事实依据为基础，少夸张

由于管理者位高权重，其一言一行都会给员工带来很大的影响。言为心声，一句话就可能会在员工间产生振动，既会让员工一蹶不振，亦可让员工奋起。因此要对自己讲述的内容负责，讲究真实性，毕竟管理者代表的是公司的立场。

管理者不能随心所欲地去讲话，而且也不要掺杂着个人喜好、情感等。要让员工信服，讲话有权威，最基本的就在于讲事实。如果言语上不讲究，太过随意发表意见，则会无形中降低权威性，对员工的执行力也会带来影响。

◎ 逻辑清晰

讲话要讲究逻辑性，语言组织上逻辑严谨，内容先后有序、轻重缓急合理，要让员工较易明白管理者所表述的意思，领悟任务的内容和关键，从而更好地完成任务。

讲话逻辑性是由思维逻辑性决定的，后者指人们在面对事情时的判断及推理，是由以往的教育、经历、生活等多方面因素形成的。语言是思维逻辑的外在表现，这也是人们讲话为何听起来总是合理有序的根本原因。平时要完善思维的逻辑性，可多听听其他人的演讲。

◎ 概括性

概括性是指通过运用简单、干练的词汇来对丰富的内容材料进行高度的抽象与加工，总结出便于为人们所知与了解的概念，是表达特定含义的一种语言现象。管理者工作任务繁重，有时为了节省时间，就要使用简短的语言来概括内容，提纲挈领，让员工快速了解，这也能大幅度提升员工的执行力。

就像是将多余的石料去掉，雕刻出一个完整的石像，概括性语言就是要找到关键所在，言简意赅地归纳出来。

◎ 通俗易懂

管理者要多采用大众化语言，如歇后语、幽默语言、口语等。这类语言活泼、生动、有趣，能增加语言魅力，使员工乐于接受。严肃的、过于正统的语言会让员工觉得晦涩难懂，昏昏欲睡。查看优秀演说家的演讲词就可知道，他们很擅长使用大众化的语言。

由于现在职场新人多为90后，每个年代的人都有属于他们的一套语言体系，如果不能掌握，则易出现“代沟”，这就要求管理者平时要多与年轻人沟通，多看看年轻人喜欢的论坛、网站等，要主动去学习这些语言，掌握丰富的词汇，就像当初学习英语那样，将其当做是一门常用语言去学习，用时不久，就可运用90后的语言与他们进行沟通。这时，你会发现沟通起来事半功倍。

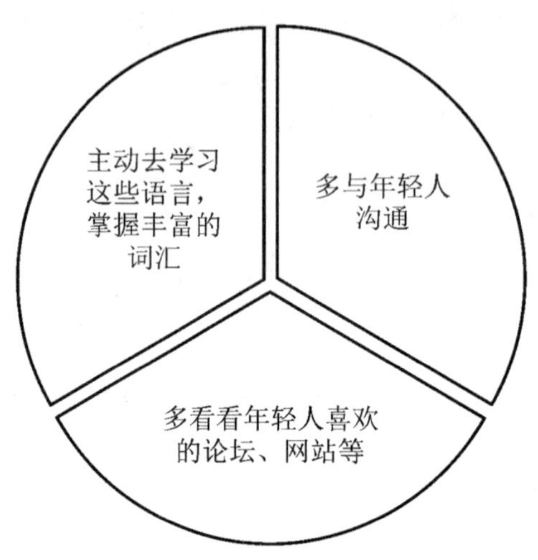

“到什么山头唱什么歌”，与90后沟通自然要多使用他们的语言，给他们一种亲切感，让他们觉得你是“自己人”。既然是自己人，那就没什么不能沟通的了。

引导员工畅所欲言的方式

90后员工注重自我价值实现，重视感觉轻视物质，如果能在沟通中让他们觉得你是重视、理解他们的，则易于与对方建立信任关系，否则，沟通道路将出现重重障碍，无法获得有效沟通。

有时，管理者需要掌握更多有价值的信息，包括员工对任务的看法、员工的心理状态等，这时就要引导员工畅所欲言。而恐惧是影响员工自由阐述的头号杀手。如果员工恐惧则会做捍卫和防卫之事，管理者可从此点着手，尝试做些什么以让员工放下恐惧的心理。通常而言，营造安全的沟通环境有四个方法：

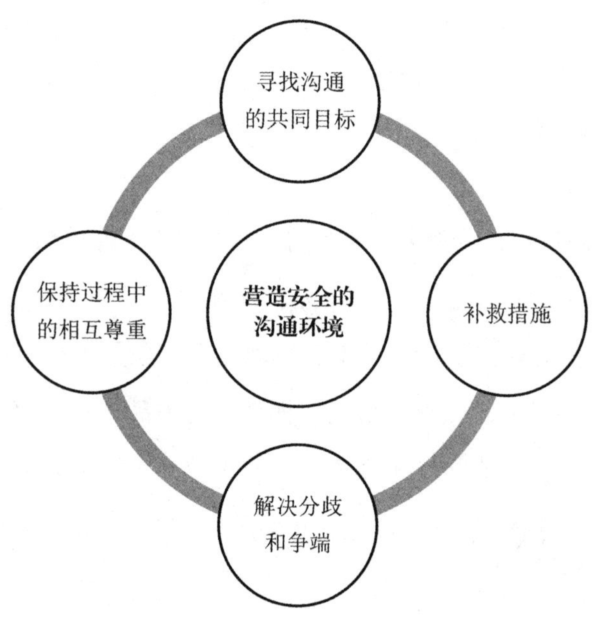

◎ 寻找沟通的共同目标

让员工摆脱恐惧感的最好方式是建立共同的目标。共同的目标指沟通的主题要照顾到双方，兼顾到彼此的利益、价值观等。共同目标是展开沟通的基本条件。

如果沟通目标只是达到管理的目的或者利用员工，一旦被“识破”，对方就会闭口不言。要想让员工积极参与沟通，最重要的是沟通内容要与他的利益相关。

如公司有位90后员工常常无法履行工作职责，但你不能直接说出来，否则员工会觉得你这是在挑事。为了避免双方关系僵化，你需要找些共同目标来促使员工积极主动。比如你可以这样开场："我听说你对二次元文化很熟悉，我家里有个孩子对此也很感兴趣，但我不懂这些，你可以教我吗？"

◎ 保持过程中的相互尊重

没有共同目标，就失去了谈话的根基，如果不懂得相互尊重，谈话也是无法持续下去的，这是塑造安全沟通环境的第二个要素。

当90后员工意识到自己并未获得尊重时，氛围就会变得很紧张，谈话也会停滞下来。尊重与空气一样都是必需品，没有尊重，沟通的基础也就没了，接下来就变成了维护自尊的战斗了。90后员工更看重自我价值，当其觉得管理者的言论触犯自尊时，沟通氛围就会瞬间转变。

◎ 解决分歧和争端

沟通双方由于各自的教育、生活、阅历等不同，因而双方看待问题的角度也不同，出现分歧、争端是不可避免的。如果遇到这种进退两难的状况，不妨试着跳出争吵的圈子，作为管理者应主动提出建议，避免情况恶化。管理者可以说："看来我们都认为自己的观点是正确的，而且想强加给对方，不如我们先谈论到这，等找到更好的解决方案后我们再谈。"

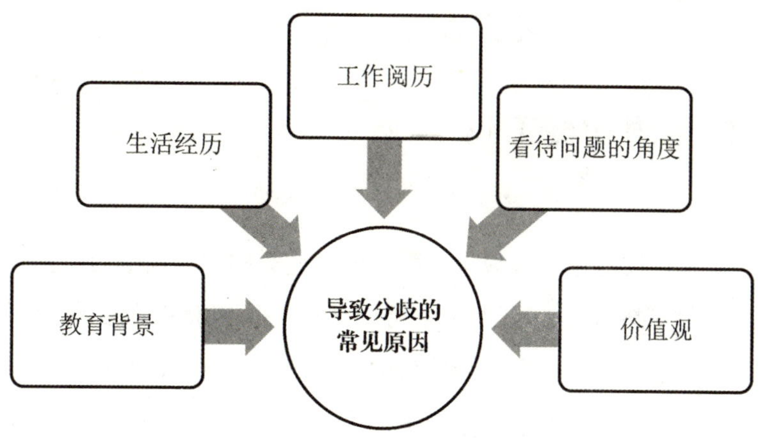

此话会起到扭转局面的作用，平和地解决分歧和争端。在分歧出现时，不要用沉默、进攻等行为刺激员工，也不要坚信自己的看法才是唯一正确的。作为管理者要能掌控谈话的氛围，要敞开心扉，要接受其他解决方案的存在，寻找一个更为合理的办法。

◎ 补救措施

重建信任是非常难的，如果在沟通中管理者不小心伤到了员工，则要开口道歉，然后重建共同目标，在相互尊重的氛围中进行沟通。

道歉要有诚意，要表达出管理者对过失的悔意，如可以这样说：“很抱歉，刚才没有给你机会阐述自己的观点，这是我的不对，我知道你为了这次沟通准备了很多资料，这本来是个很好的交流机会，但我却忽略了这一点，伤到了你的自尊心。因此，我必须要向你道歉。”

管理者要改变思维，放下面子，真诚地去向对方道歉，才能获得好的结果。否则，敷衍对待将会使问题恶化。对方接受道歉后，你们则可以再约时间具体谈谈，这才是早日解决问题的正确方式。

你真的会附和员工吗

“附和”在沟通中看似不起眼，但却是影响沟通效果的重要因素，甚至只依靠“附和”，管理者就可以从员工那里获得众多有价值的信息。合理地使用这一手段，会成为沟通的助力；反之，使用不当，让对方觉察到不良意图，则会危及信任关系。

通常，附和语言很简短，且多是在下意识中附和的，时间短暂，这就很考验管理者的沟通功力，唯有抓住附和的关键所在，才能在如此短的时间里一击而中。

通常来说，附和可分为以下六种主要用途：

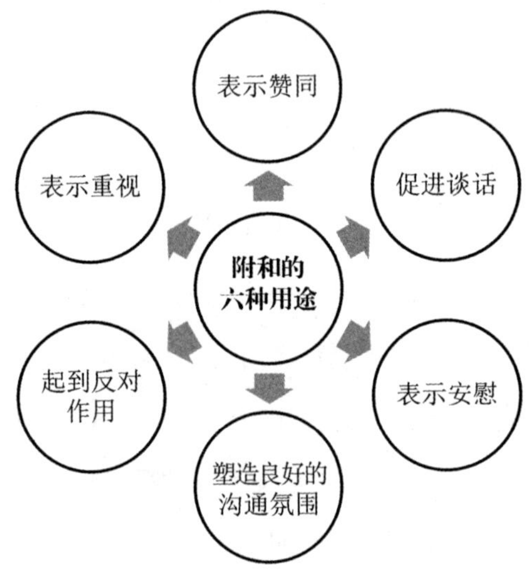

◎ 表示赞同

当你对员工的话题内容很认同时，可使用这种附和方式，表示你认可对方的谈话，对谈话内容很感兴趣，鼓励员工畅所欲言。常用的附和短语有：“你再详细说说”，表明对谈话很感兴趣，期待了解更多的内容；“你讲得很对，这种方式很具创新性”，当员工讲到新的解决问题方式时，可用此附和；“这种理念虽然很新颖，但蛮符合我的预想”，当员工提到新理念时，这种附和方式会让对方感到被认同，萌发一种“知己感”等。

◎ 促进谈话

管理者有时可能对员工的言论不感兴趣，尽管如此，但为了鼓励员工又不能直接反对。“原来是这样啊”“请继续”，这样的言论就不会让员工有不被尊重之感，“接下来呢”“然后呢”“后来呢”等言论可用于当你希望员工继续谈论下去时，这种言论会给员工一个比较积极的信号，鼓励其继续谈下去。

◎ 表示安慰

可分为几种情况：情况一，当员工心情欠佳或者发牢骚时，可附和“我能理解你的感受”“我也曾经历过这个时期，感同身受”，让员工明白你了解他的心情和感受，让员工感觉找到“同病相怜”之人，而且有时员工只是在口头上发泄，并非是为了寻找解决之法，所以这也是为什么有人倾听时，说者痛苦的感觉就会减少很多的原因；情况二，当员工在工作上面临难题，难关久攻不下或者客户“油盐不进”时，可附和“这种情况确实非常难以处理”“换做是我，恐怕也无法从容应对”，让员工感觉管理者知晓任务的难度，将难度高的任务交给他是一种信任，从而达到很好的附和效果；情况三，当员工讲述失败的经历时，可附和“很令人遗憾”“我知道你已经尽力了”，就像是站在对方角度那般，表示对对方的遭遇感同身受，可让员工感到鼓舞，恢复斗志。

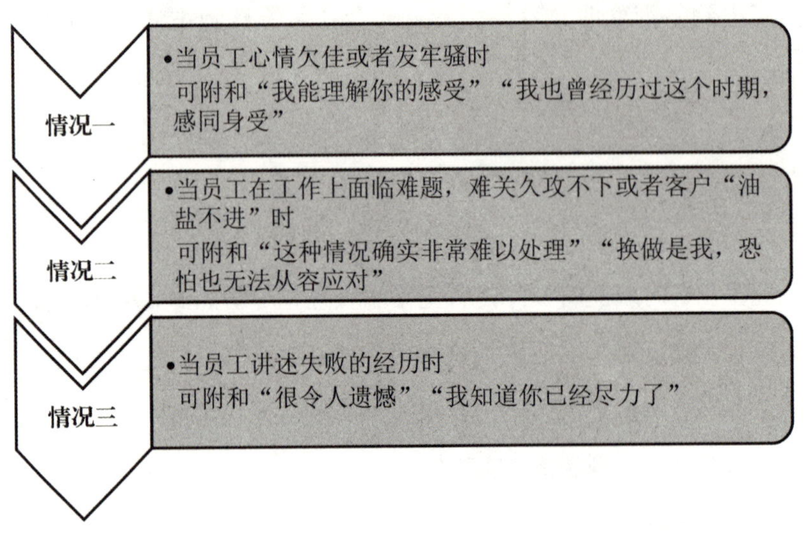

◎ 塑造良好的沟通氛围

附和用语较为简短，如“对”“是的”“不错”“嗯”等等，简短有力，反应较为快速与轻松，对塑造良好的沟通氛围很有帮助。在附和时要注意两点，一是语速要与对方的语速吻合，过快会显得突兀，过慢则显得有点怠慢、敷衍；二是尽量不要重复使用某个词，比如“嗯嗯”“对对”“好好”，如果是使用三次以上，则会给人不耐烦之感，意思变成“我知道了，你赶快说完吧”“啊，还要讲下去，有的受了”，会严重影响到沟通的氛围。

◎ 起到反对作用

当员工见解与你不同或者很乏味，作为管理者不能直接否决，否则会伤到员工的面子，让员工感觉自尊心受伤，打击其积极性，从而影响到其工作效率，此后员工可能会因为这次打击而再也不提建议或者尽量避免与管理者沟通。此时可附和“这种想法也不是不可以的”“这种做法可以再研究研究”等。

◎ 表示重视

将员工讲述的内容再用自己的语言去重复一下，表示管理者认真在听员工讲话，让员工觉得被重视，而且也易让员工觉得既然管理者重复了一遍，那表明所谈的事情有了希望，就会在接下来的谈论中更加热情，从而获得更好的沟通效果。

90后员工对职场期望值很高，热情高涨地对待工作，他们会将公司的一些弊端一一指出来，或者提出觉得有创新的工作方式。管理者在对待他们时，不应直接否决，而要学会附和他们。在附和时要尽量避免以下较易带来负面影响的词语，如“我早知道了”“是吗”“胡说”“怎么可能”“多此一举”“你看看”“但是”等。这些负面附和用语，相当于泼冷水，让员工觉得自己被上司轻视，会打击员工的积极性。这样一来，90后员工觉得自我价值未能实现，又饱受打击，为了避免再次遭受打击，他们就会尽量减少与管理者沟通。

你真的会采用合适的说辞吗

说辞在管理工作中非常重要，同样的事情，不同的说辞就会带来不同的效果。如果能在管理工作中稍微注意下说辞，管理者在员工中的形象将会更加高大。尤其自尊心极强的90后员工，如果说辞触犯到他们，轻则影响他们的情绪和工作效率，重则导致他们离职，影响公司的日常运营。

面对70后或者80后工作上的失误，管理者的措辞可以严厉些，但如果面对90后也采用这种措辞，则易带来很多问题。

如果你在工作中犯下了一些错误，向管理者汇报工作时，你希望管理者采用下面列出的哪种说辞呢？

1. “我知道你已经尽力，辛苦了。你能将遇到的麻烦详细说一下吗？”

2. “任务有困难，犯错是情理之中，在职场中谁还不犯错呢。下次注意些就是。”

3. “你是怎么处理任务的，怎么会搞成这样！”

想必你会倾向于1和2，而不会选择3。三种不同的话语，你的反应也是不同的。前两种你可以欣然接受，但后一种会激发你的逆反心理，或者触犯你的自尊，让你不快。实际上，这三种说法的目的是一样的，即改正错误。可见不同的说辞对沟通效果的影响也是极大的。只要说辞恰当，员工就能接受，双方的沟通就会顺畅，员工的积极性就不会受到打击。

如以下几种场景中，管理者的说辞都是不合理的，给双方关系带来很大的影响：

• 当在工作中犯错的90后员工前来汇报时，管理者打断他的话说：“够了！不要继续说下去了，工作中出现这些不该出现的错误，你不觉得羞愧难当吗？”

• 当90后员工热情饱满地加班加点做了一份财务报表，递交给管理者时，对方却说：“就这一份简单的报表你都忙碌了三天？而且既不美观，数据也出现疏漏，我真是怀疑你的工作能力。”

• 90后员工因为感情受伤而情绪低落，导致近期工作频频出现失误，管理者说：“你看你这个样子，能不能振作点！难怪对方跟你分手。”

• 当90后员工提出关于提高团队效率的文案或者让公司变得更好的方案时，管理者却将文案丢弃一旁说：“不该你操心的就不要操心。刚来公司没多久，就想借着方案一鸣惊人，让上头注意到你，是吧？我实话告诉你，没用。”

• 有90后员工业绩不理想时，管理者说：“我知道新人上手工作需要一段时间，但我从未见过需要时间如此之长的员工！你究竟是什么回事呢？”

员工不是管理者的棋子，即使管理者位高权重，也不能轻视员工，言辞太过严厉，甚至透露出挖苦意味，此举无异于将员工推向自己的对立面，造成双方关系紧张，这对管理工作是极为不利的。

比如某文化公司有个90后员工，工作不够细心，在统计数据上常常会出错。他的主管是位70后，很严厉。该员工犯错一次，主管没有说什么，只是亲自去指导其改正。犯错两次，主管有些许怒气，但没有当着员工的面发作。等该员工犯错三次时，他终于忍不住了，说："我警告你，下次不要犯错了，不然直接将你的绩效评为不合格。"这种严厉的言辞虽有效果，但过于强硬，引得该90后员工逆反，他心里想，那我就继续再错一次，看你怎么处理？于是，该员工继续做错，管理者严厉批评。该员工不断做错，最后两人翻脸，该员工愤而辞职。

而有位管理者在对待犯错的90后员工方面很有办法，刚开始时，他不会采用严厉的言辞，而是半开玩笑地跟员工说："这个错误在后面会造成严重的后果，不过像你这么细心的人不会再犯这种错的。继续努力哦。"该90后员工听到他这么说，心想：我都犯错了，领导还如此照顾我的颜面，他很重视我。下次我一定要细心点，再也不会犯这种错误了。

有人说管理的本质就是沟通，那么就要注意沟通中的说辞。管理者不要总是将自己放在高位，而应适当放低身份与员工沟通，可能会获得更好的效果。90后员工多为独生子女，从小生活条件优越，没受过什么大的磨难，因此他们在职场上才表现得如此"脆弱不堪"，一个严厉的批评就可让他们翻脸甚至直接辞职。

即使传达相同的内容，不同的说辞影响会截然不同，如果管理者的说辞能让90后员工接受，就会激发他们的干劲，发挥他们的创造力，更加积极主动地面对工作，而这不正是管理的目的吗？因此在与90后员工沟通前，不妨多花些时间准备一下，打打草稿，看看什么样的说辞既能让其更好地接受，同时又能达到沟通的目的。

你真的会称赞员工吗

有位90后员工性格内向，是大家眼中的“胆小鬼”。刚到公司时连自我介绍都无法流畅说完。由于公司的岗位经常要与客户打交道，不会说话或害怕与客户说话是行不通的，所以公司经常会举办演讲会，每位员工都要参加。

迫不得已，这位90后员工不得不上台演讲。胆小的他站在讲台上肢体都有些不受控制，他用轻如蚊吟的声音讲述了一个小故事。他那有些滑稽的动作、微弱的声音，让他觉得自己很蠢。正当他懊悔不已、心里暗自打算结束这场演讲就辞职时，单位主管却真诚地跟他说：“你讲述得生动有趣，声音很悦耳，你应该大声地把故事讲出来。”该员工有些害羞，但主管却开心地笑了。员工接受了他的称赞，以后在公开场合他也不再扭扭捏捏的，而是大声讲话。

每周这位90后员工都积极寻找能够登台演讲的机会，不再理会他人投来的目光，每次演讲后，他都积极查找不足，并努力学习演讲技巧，不断地提高自己。通过锻炼，这位90后员工终于不再是“胆小鬼”了，他不仅能够与客户顺畅沟通，而且当众演讲时语言颇为出彩，赢得听众的阵阵掌声。后来因为他的演讲能力不错，被推荐代表分公司前往总部演讲，给听众留下了深刻的印象，因而小有名气。这次演讲也让他获得了总部管理层的赏识，为其以后的发展奠定了坚实的基础。

看吧，管理者一句真诚的赞美就可使一位内向、胆小的90后员工成为演讲高手，这就是赞美的力量。而赋予赞美力量的，是源于管理者的真诚与言语。

真诚是赞美产生力量的根基，是指不吹捧、不谄媚、不故意讨好，否则赞美心不由衷，有时会夸大事实，让人难以置信。如果是无中生有、夸大对方并不具有的优点，则易让人觉得心怀叵测。90后虽然社会经验还不是很丰富，但他们格外敏感，知晓谁对他们是真诚的，谁的语言有夸张的成分。他们喜欢的是基于事实的称赞，而不是盲目、不实的称赞。无中生有的夸赞，赋予员工并不具有的价值、意义、追捧，员工易产生不良反应。

不实的称赞有时也会蒙蔽90后员工，让其产生自大心理，误以为自己成就非凡而骄傲自满、迷失自我，后续缺乏了发愤图强、努力开拓的意识，另外也会让其他员工心生不满。

90后员工崇拜真实的榜样，而不是人为塑造的“泥像”，对于名不副实的榜样，他们会不服气、猜忌，怀疑对方是否行贿了管理者。

由此可见，不实称赞实不足取，会分散团队的凝聚力，打击团队成员的热情，甚至给管理带来不必要的麻烦。

其次就是言语。要懂得用90后的语言去称赞他们，这会让他们觉得管理者懂他们，从而让他们觉得自己被重视、被尊重，促使他们更加积极主动地去工作，激发他们的潜力，创造更高的价值。

孙康是一家大型图书出版公司的总经理。每年年终，他都要参加各类会议，需要提交的资料、报表非常多，而且涉及的数据很多。作为总经理，他还要负责安排办公室的秘书去处理相关事务。有一天，有一个报表第二天会议上要用，而孙康正在从外地参加会议回来的路上，无法亲自处理，公司里的老员工都有各自的任务要做，无奈之下，他只好让几名90后员工与秘书一起搜集资料、核算数据，但他心里很是忐忑。第二天一早，他赶回公司，顺利在会议上提交了报表。报表数据核算得很准确，孙康对几位90后员工所做的工作很是感激，他诚恳地对他们说：“别人都说90后是垮掉的一代，但你们昨晚的表现确实让我刮目相看，你们按时出色地完成了报表工作，让我在会议上长舒了一口气。没想到你们除能力出色、‘油菜花’外，心还很细，非常‘三克油’你们这次的付出，我由衷为公司有你们这样的员工而感到骄傲。”

孙康在夸奖90后员工时并未泛泛地夸赞他们“工作称职，兢兢业业”，而只是针对报表这一项事实具体地称赞，而且指出报表的重点，即数据核算得很准确。在夸奖时还用了90后的语言，如“油菜花”“三克油”等让孙康显得平易近人，懂得90后，让他们觉得总经理好亲切，称赞的话说到了他们心里，促使他们以后更为严格地要求自己，以主人翁心态对待工作。

如果只是泛泛夸赞，则让90后员工觉得管理者并未意识到他们的价值，只不过是敷衍夸赞而已，在管理者眼中他们与其他人并无区别。而使用90后语言，再加上具体的事件，就让他们觉得这样的称赞是基于事实的，是可信的，而且使用90后语言则显得平易近人，更易说到他们心里，让人信服。

由此可知，对待90后员工以事实说话，针对具体事件，再加上迎合对方的语言，则称赞更易起到效果。夸赞的内容说得越详细、越具体，有理有据，则可信度越高，夸赞的效果就越好，对方就越能获得成就感与自信心。

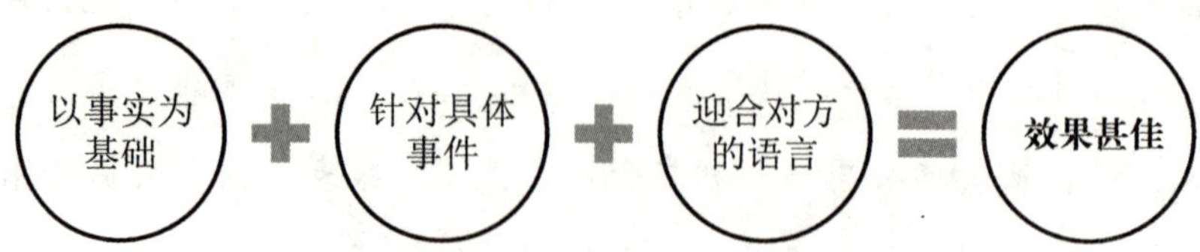

90后希望所获得的赞美是管理者发自内心的，是能真正证明他们的价值的，是需要花费精力思考后所得出的结论，这样才能让他们信服。而有些管理者只是将夸赞当做是激励手段的一种，并非是发自内心的赞美。这会让90后反感，拉远他们与管理者的距离，产生不信任感。

赞美不能泛泛而谈，不能无关痛痒，否则即使管理者认真夸赞员工，员工也会置之不理，将夸赞的语言视为空谈。对90后员工来说，很多事儿不用说得太细，但夸赞一事，则应说得越细越好。

第6章 心理疏导——照顾90后的“玻璃心”，积极疏导化解矛盾

由于自小家庭条件较为优越，90后的成长可谓是顺风顺水，基本上没遇过大的挫折，因而导致他们内心脆弱，有些“玻璃心”。当90后员工陷入心理困境时，管理者应及时进行心理疏导，帮助他们早点从困境中解脱，从而饱含热情地投入到工作中。

化解矛盾是管理人员的必修课

对日本企业文化较为熟悉的人都知道，该国有很多企业都建立了“健康管理室”。此“室”的主要作用是化解员工纠纷，对其进行心理疏导。

在某些日本企业，如果有两位员工产生纠纷，甚至爆发严重冲突，管理者可借助“健康管理室”的帮助，化解两人之间的矛盾。

头一个房间，员工进去后会发现里面有一个超级大的落地镜。试想一下当吵架时，人们是很难察觉到自己的面貌变化的，脸红脖子粗，很丑陋。而站在镜子面前，他们就会看到自己生气后的样貌，因而怒气会减少很多，也会提醒自己，是不是有些失控了。

第二个房间放的是一排哈哈镜，矛盾的双方先后照哈哈镜。哈哈镜的特点是利用凹凸镜变形的原理局部放大或者缩小产生像的扭曲与变形。人们站在哈哈镜前会看到变形后的自己，模样很滑稽。这是在启发员工要正确地看待自己与他人，不要将自己看得过重，而将对方看得很轻。

再往前为弹力球室，在地板和房顶上各放一个钩子，中间用橡皮条紧紧悬挂着一个球，高度大概有一人高。双方来到弹力球前，每个人用力打三下，由于弹力作用，球弹回来正好打在自己的额头上。打球越用力，打在额头上的力就越大，让双方意识到人与人间也像是作用力与反作用力，你在伤害他人的同时也在被他人伤害，因此争吵、矛盾等应能避免就避免。

当然再往前走，还有其他很多房间，如照片室、酒吧间等，均采用对比的方式启发有矛盾的双方交换意见、彼此理解，从而达到化解矛盾的目的。

矛盾是导致情绪紧张、环境动荡混乱，乃至分裂瓦解的重要因素。当然有时也存在积极的一面，如可以视为变革激励，促进人们自我分析，提高素养。作为管理者应善于化解矛盾，这是管理人员的必修课，将负面作用较大的矛盾进行引导、转化，使其发挥积极作用，更好地管理员工，为公司正常运营打下坚实的基础。

90后皆为极有个性的个体，难免在性格、喜好、三观等上存在差异，由此会产生摩擦、矛盾。如果是小打小闹，对公司几乎没什么影响，管理者可选择忽视，但如果严重到影响公司的正常运营，则需要站出来处理员工间的矛盾。

一家影视公司有两个业绩较好的员工，一位为老员工，80后，在公司工作五年了，经验丰富，业绩也很出色，在老员工中颇有威信；一位为90后，入职刚满一年，喜好新鲜事物，接受能力较强，入职才一年就为公司签下了三部网络小说，且都确定改编为影视剧，因而业绩也很出色。但这两个人因为工作理念、方法、观点等不同而矛盾重重，80后员工入职多年，心理承受能力较强，而90后员工因心理承受能力较弱则时常觉得很受委屈。双方矛盾不断，甚至显得有些水火不容，一副“有你没我，有我没你”的架势，工作也因此受到影响。管理者有些无奈，但又不得不谨慎处理，否则可能就此失去两员大将。那么管理者应如何化解这两个人之间的矛盾呢？

具体的处理步骤如下：

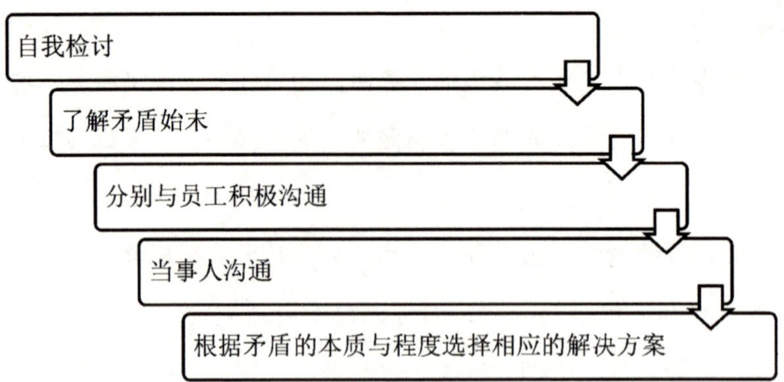

①首先自我检讨。看一下自己是否管理不当，是否因自己最近处理什么问题时考虑不周全，导致两位员工间矛盾丛生。

②了解矛盾始末。从其他员工处了解两位员工矛盾的始末，包括起因、过程、恶化事件、程度及影响范围多大等。

③分别与员工积极沟通。分别找两位员工谈话，了解他们的真实想法，这一过程中要照顾好90后员工的“玻璃心”，不要让其感到为难。

④当事人沟通。在管理者主持下，两位当事人进行沟通，谈谈各自的角度与出发点，让双方了解彼此的想法或看法。

⑤根据矛盾的本质与程度选择相应的解决方案。

管理者在处理员工间的矛盾时应注意下面几个问题:

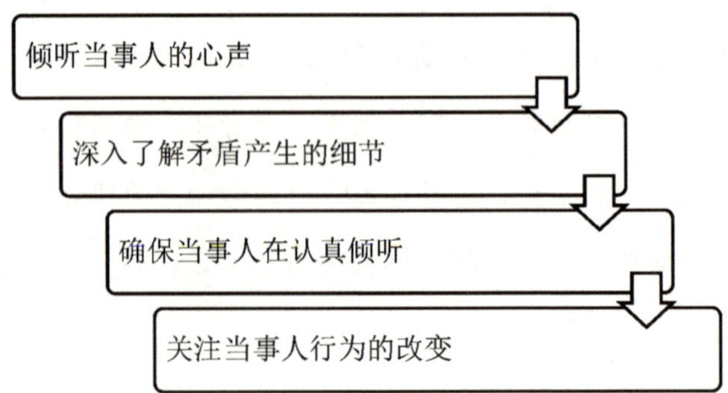

①解决矛盾的第一步，是倾听当事人的心声，了解他们的想法与看法，而不要假装自己很了解。

②深入了解矛盾产生的细节，越详细越好，也要了解导致矛盾恶化的关键事件，列出事实，摆出具体细节。

③当事人沟通时的要点在于，让其重述对方刚才所讲述的观点，确保当事人在认真倾听，避免有当事人因为心生不忿而没有倾听。

④关注当事人行为的改变。拿出解决方案后，管理者还要继续追踪矛盾的后续解决效果，看下当事人双方是否真的和解了。如果双方仍我行我素，那么还要重新进行处理。

在处理矛盾时，要站在员工的角度思考，直面本质，同时也要顾及双方的心理，尤其是90后员工的心理承受能力较弱，不宜采用较为严苛的方式。管理者要赢得他们的信赖，这对化解矛盾非常重要。

当矛盾发生时，最好的解决方法是让每个人都有机会发泄情绪，避免愤怒的积累，如此才能缓和矛盾。管理者常用的指导化解矛盾技巧有以下几种：

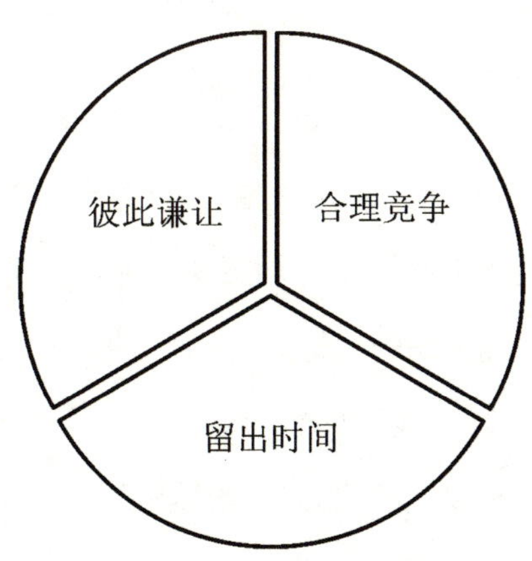

◎ 彼此谦让

员工间产生矛盾是较为常见的事，甚至有时会剑拔弩张、面红耳赤，或者更为恶劣，影响到公司的日常运营，此时则需管理者出面化解矛盾。管理者可采用“彼此谦让”的方法，建议双方各退一步，达成协议。关键点在于找准双方的协调点，既不偏袒也不压制。

◎ 留出时间

可以先维持现状，等待合适的时机再予以解决。通常经过一段时间后，也许矛盾的双方当事人会放弃成见、彼此和解。这也可视为是冷却处置方法。强加于人的做法，有时会起到反面效果，如激化矛盾、加深隔阂，导致更严重的冲突等。而给员工留出冷静的时间，矛盾会逐渐消解，进而可以较为自然地解决。

◎ 合理竞争

在职场中竞争是一种常态，各员工、各部门在公司这一组织中的地位不同，导致他们之间既有共同的利益，也有竞争关系。竞争是种较为活跃的力量，促使组织各部门不停地更新功能，能够发挥各部门的创造性与积极性，从而实现组织的目标。

但竞争难免会有过“线”的地方，如封锁信息、相互拆台，满足现状、不思进取，甚至是不择手段、尔虞我诈。对管理者来说要提供公平、公正的竞争环境，在面对矛盾冲突时，不要采取回避、抹杀或者熟视无睹的做法，而要积极化解矛盾，协调合作。

面对90后的抱怨要有耐心

90后多为独生子女，即使生长在农村，在成长过程中父母也很少亏待他们。他们生活在优越的环境中，养成了养尊处优的意识和习惯，这种意识和习惯也被带进了职场中。他们的世界中心是“我”，重视自我，渴望获得尊重和重视。

如一位在某科技公司上班的90后员工，某天家里亲人生病住院了，他去医院看望病人。在去医院的路上，他才给主管打电话说：“我家里有亲人住院了，我今天去医院探望，就不去上班了。”这位90后员工不会想到他请假了，公司的工作该如何处理。主管很是无奈，因为公司项目正处于攻关阶段，这位员工的缺席会导致该项工作出现问题。

从小生活在家庭“6服务1”模式下的90后，不管在生活中遇到什么事情，爸爸妈妈、爷爷奶奶、外公外婆都会以他为中心，养成了他唯我独尊的性格。然而职场不是家庭，习惯于受到优待的他们一时无法招架住职场中的腥风血雨，因而在工作中常表现出焦躁、不满、失望与倦怠等，较易有抱怨。有时在这种情绪的感染下，他们甚至故意与客户闹矛盾，而不会在意是否会被扣工资。

如今社会竞争激烈，90后员工迈入职场就要面临很大的压力。而他们因为入职时间尚短，缺乏经验与方法，工资绩效短时间内难以提升，有时会面临老员工的冷眼挤兑。因此管理者应提供心理疏导，必要时为

90后员工排忧解难、缓解压力，照顾好他们的“玻璃心”，帮助他们更好地适应职场，快速成长起来。

通常而言，进行心理疏导可采用以下措施：为90后员工提供职业培训，帮助他们设定职业生涯规划；提供专业的心理指导，帮助他们排解压力和不良心理情绪；营造轻松和谐的工作氛围，减少环境给他们带来的负面心理影响；工作要允许试错，要宽松，要给予员工改正错误的机会，同时要提供相应的帮助，提高他们的自信心。总之，要采取综合性措施多管齐下解决90后员工的心理问题，增加其工作竞争力。

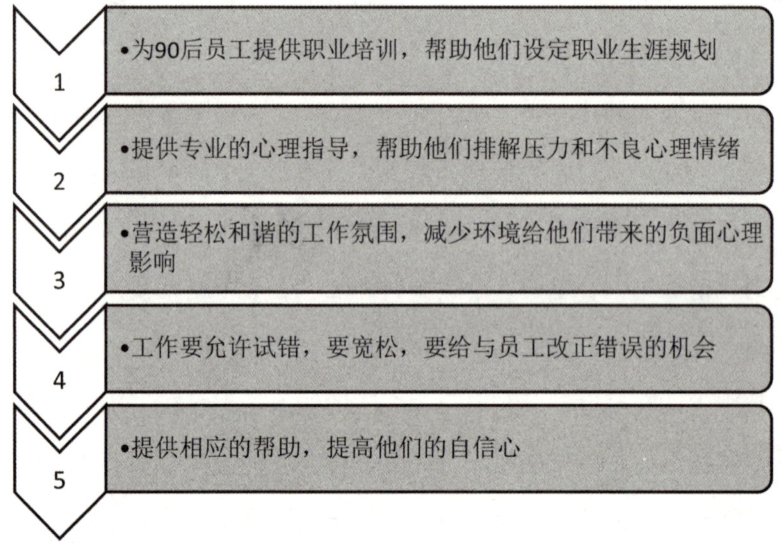

很多管理者觉得90后员工是较易发牢骚的一个群体，而将其归咎于员工幼稚的表现。其实这种看法是片面的，不能将他们的牢骚、抱怨视作小事一桩。虽然90后员工心理承压能力较弱，但多数情况下他们抱怨事出有因，如果无人理睬他们的抱怨，会让他们觉得被忽视、不被理解，甚至会因此愤然辞职。

还有些管理者，在与90后员工谈话刚开始就打断了对方，自以为能够猜到对方接下来的话或者想表达什么，或者是妄加评论，替对方讲述接下来的话。

有时，员工抱怨只是想获得管理者的青睐，如果管理者此时能够关心他们，主动询问他们，那么他们就会停止抱怨。

让员工可能产生抱怨情绪的事情有很多，从整体上而言，可分为下面四类：

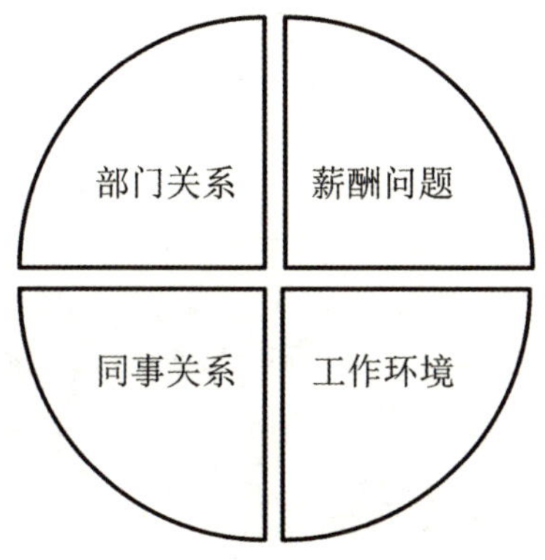

◎ 薪酬问题

薪酬问题通常是最易招惹抱怨的内容，且直接与员工的生存质量挂钩。比如在同行业里，各家公司的薪酬难免存在差异，岗位工资、业绩薪酬、晋升制度、加班费计算、年终奖、差旅费报销、培训等都可能引起抱怨。

◎ 工作环境

90后员工对工作环境要求很高，他们希望能在一个轻松、相对自由，能发挥其创造力的环境，因此对工作环境的抱怨较为常见，小到公司信笺的质量、零食的供给，大到工作场所的位置、装修风格都会成为他们抱怨的对象。

◎ 同事关系

90后员工从小生活在优越的环境中，养成了较为自我的性格，不善于处理人际关系，因而较易有关系冲突，尤其是同部门的员工间，甚至跨部门员工间都会出现冲突。

◎ 部门关系

部门间的抱怨主要源于部门间的利益冲突或者部门间的工作衔接不畅。

管理者在发现90后员工有抱怨情绪时，可以采取下面的方法进行处理：

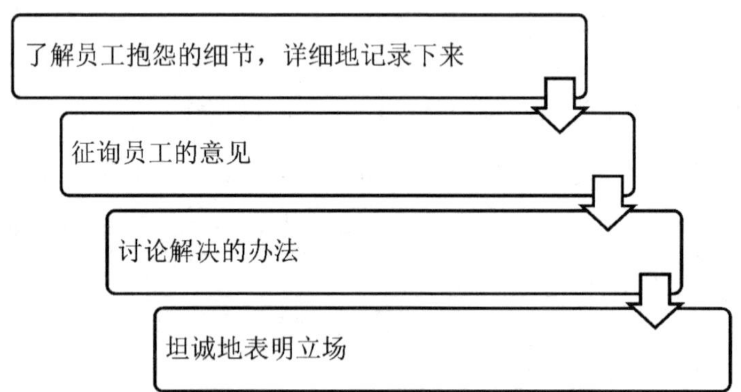

◎ 了解员工抱怨的细节，详细地记录下来

重视员工的抱怨，并详细记录员工抱怨中所涉及的细节，包括时间、地点、人物、环境、导火线等，此时重点在于记录，而不要评断员工抱怨的是非。

◎ 征询员工的意见

让员工参与且维持其自尊，才能赢得他们的信任。如果抱怨的本质问题较为复杂，可以询问员工希望怎样解决，结合员工想法制定第一步行动计划，且向员工阐述你的意图。

◎ 讨论解决的办法

此时管理者对员工抱怨的始末已有所了解，可与员工一起讨论解决的办法。在探讨员工抱怨的本质时要有相应的细节对应，若员工对某些细节表述不赞同，这就需要澄清事实，并与员工平等沟通，可强化他们的自尊心。

◎ 坦诚地表明立场

作为管理者，缓解员工抱怨情绪，帮助其解决问题是应负的责任。如果在沟通中能够细心聆听，那么就很容易理解员工在事件中的立场。只要考虑到该事件对企业所带来的影响，尤其是负面影响，就会明白解决事件的重要性，更何况抱怨是会传染的。

管理者要与员工诚恳地表明自己的立场，说明自己是来解决问题的，是对事不对人，是针对抱怨事件本身及可能带来的影响，而不是针对员工的表现发表意见。管理者要尽量保持客观、公正的态度，同时也要注意维护员工的自尊，只有这样才能赢得员工的信赖，化解抱怨。

需要处理的抱怨中约有80%是由于管理混乱造成的，而员工个人原因的部分只占20%，因此处理抱怨最重要的措施是规范工作流程、岗位职责、规章制度等，要秉持公平、公正、民主的原则，让员工参与讨论，共同制定，而且要向全体员工公开，对全体员工都有约束性。

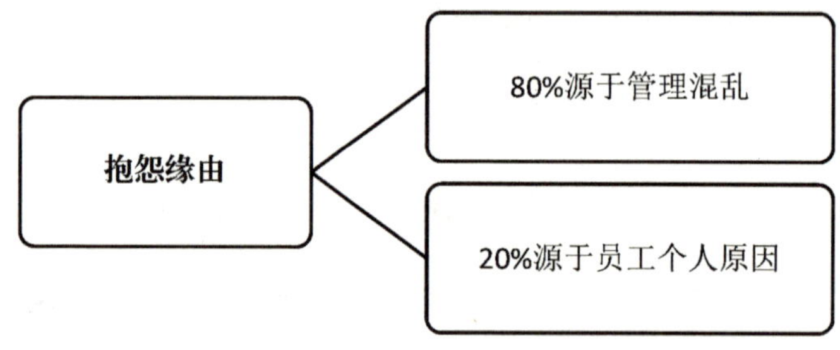

如果是源于员工个人原因，则应重点了解其抱怨的原因，开诚布公地谈谈，尽量找出较为妥当的解决方案。

非正式沟通：化解员工的抱怨情绪

职场中90后员工抱怨的场景很常见，如个人才能没有获得管理者认可；所提交的建议没有被重视和采纳；工作环境过于压抑、人际关系较为紧张，甚至还有勾心斗角；管理者交代的任务不合理，导致任务拖延；个人业绩较为出色，却未获得相应的奖励；精神激励过多，却几乎没有物质激励……这些抱怨看似没有什么，但却会影响到员工的积极性与热情，无法发挥90后员工在创造力上的优势，甚至给企业的效益带来负面影响。

而追究抱怨现象产生的本质，多数在于沟通不够或者存在沟通障碍。简单地说，沟通就是交流看法与观点，寻求共识，消除隔阂，谋求一致。在这里，“沟”只是手段，“通”才是目的。基于人的天性，冲突是不可避免的。抱怨事件在各类公司都较为常见，但并非所有公司都能圆满地处理好这件事，就在于管理者不重视沟通。

沟通是为了达成某个目标，将信息、情感、思想在个体或群体间传递，且达成共同协议的过程。存在三大要素：明确的目标，达成共识的协议，实现信息、情感与思想的沟通。

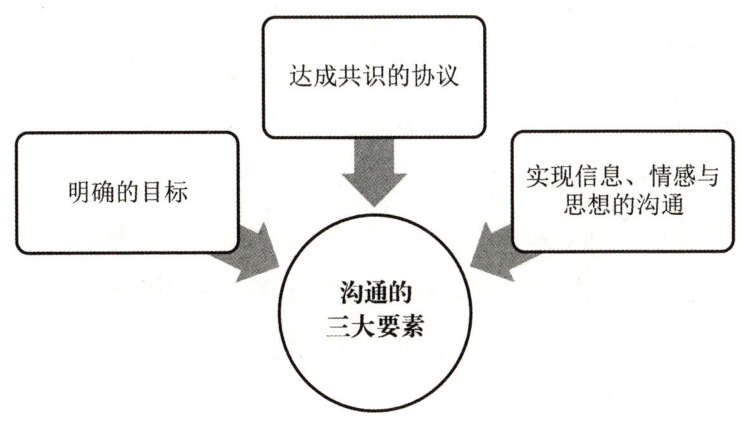

在化解矛盾时要注意两个方面的问题，一是沟通要及时，二是应建立支持性框架去推动和解。

◎ 及时沟通

员工间一旦有抱怨出现，应该及时召集相关人员进行沟通，积极引导，求同存异，把握时机，科学协调。及时沟通，可在最短时间内达成共识，让信息能够流畅起来，而不会因为反应过慢使得信息淤积、流通不畅，进而导致矛盾恶化。存在抱怨是难免的，但要及时了解抱怨产生的本质所在，及时与对方进行沟通，鼓励对方说出实话而没有后顾之忧。将员工所希望达成的事件逐条列出来，如果其中有合理的，是符合当下公司利益的，管理者可满足对方，化解抱怨。管理者要尽量采用非正式沟通方式，以免给员工带来过大的压力。

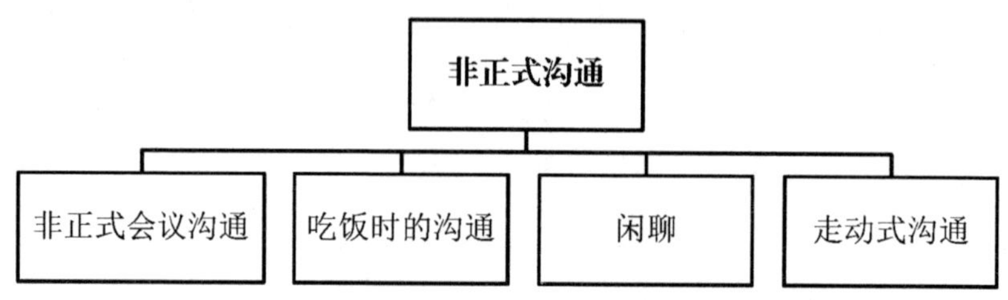

非正式沟通是指管理者在正式沟通渠道之外进行的各种沟通活动，具体沟通场景有非正式会议沟通、吃饭时的沟通、闲聊、走动式沟通等，形式多样，可根据实际情况选择。非正式沟通的好处在于，当有情况发生时，可以快速约对方进行简短的沟通，从而避免抱怨进一步加重，同时也较易拉近管理者与员工间的距离。

①非正式会议沟通

管理者每天都要参加各种正式会议，言辞谨慎、内容严肃，讲话都有事实依据。如果采用正式会议沟通，会让员工觉得问题过于严重，激发其防御心理，让其敞开心扉则显得难上加难。而非正式会议沟通环境较为轻松、自在，能极大降低员工的防御心理，管理者在措辞上也不用那么严谨，打开员工的心扉也就变得简单，沟通起来就较为顺畅。

“听说你对我有些不满意，能说说吗？这里只有我们俩，你不用那么拘谨，把我当成你的朋友，好好说一下你遇到的烦恼，没准我能帮你解决呢。”

②吃饭时的沟通

人在吃饭时是较为放松的，也较易敞开心扉。管理者可利用单位食堂或者聚餐等场合与员工进行沟通，了解其真实想法与意图。

“这位置有人吗？不介意我坐这儿吧？”以此为开篇，然后与员工沟通，可以先聊些公司最近的新变化，再慢慢地谈到其抱怨。

“听说这里的饭挺不错的，这几个招牌菜也是色香味俱佳，你最近情绪低落，多吃点。”然后引导员工谈论情绪低落的原因。

③闲聊

为了化解矛盾，管理者需要与员工进行沟通，很多时候，闲聊这种方式就很有效果。为了优化闲聊的效果，谈话内容应选择轻松有趣、积极正面的。作为管理者，态度要乐观、要保持微笑，用有趣的方式谈论即使并不有趣的事件，这样就会促使对方想跟你谈论下去。

“昨天的培训课程实在很有趣啊。”

“换了厨师后，食堂的伙食大为改观。想起那么难吃的伙食，我竟然吃了六年了，真惨呐！”

“每个周末我都会去星巴克待会儿，在里面上网喝咖啡，感受下悠闲时光。”

成功搭建轻松的氛围后，则可询问对方抱怨的缘由，获取有价值的信息，为解决问题做好坚实的铺垫。

④走动式沟通

管理者可以经常走动在各部门、各办公室间，与员工进行沟通，了解公司的氛围，了解员工抱怨的本质，获得有价值的信息，以便做出正确的决策，同时此举还能提高士气。

“最近公司有什么不寻常的事情发生吗？”

“对某件事你是怎么看待的？”

“你如果站在我的立场上，会怎么做？”

医学上说，通则不痛，痛则不通。也就是说人患病是因为体内有不通畅的地方。同理，职场中有员工抱怨，多表明沟通不到位。此时可采用非正式沟通方式化解矛盾，激发员工的潜力，提高企业的竞争力，以便从竞争中脱颖而出。

◎ 建立支持性框架去推动

有时一次面对面的沟通并不能彻底解决抱怨，还需建立支持性框架去推动。如果员工对会谈结果不满意，双方可约定下次会面沟通的时间、地点、内容、重点解决的问题等，也可商议具体的改善结果、进度及时间表。

非正式沟通也是有技巧的，想必管理者都有过这种经历，想通过沟通解决问题但对方却不领情，甚至全面否认，迫使管理者不得不另想他法，甚至动用管理权限让对方回答。这种沟通效果可想而知。非正式沟通内容广泛、方式灵活，沟通速度快，且在这种沟通中较易获得对方的真实思想、情绪和动机等，因而能够获得正式沟通中较难获得的信息。管理者要灵活运用此种沟通方式。

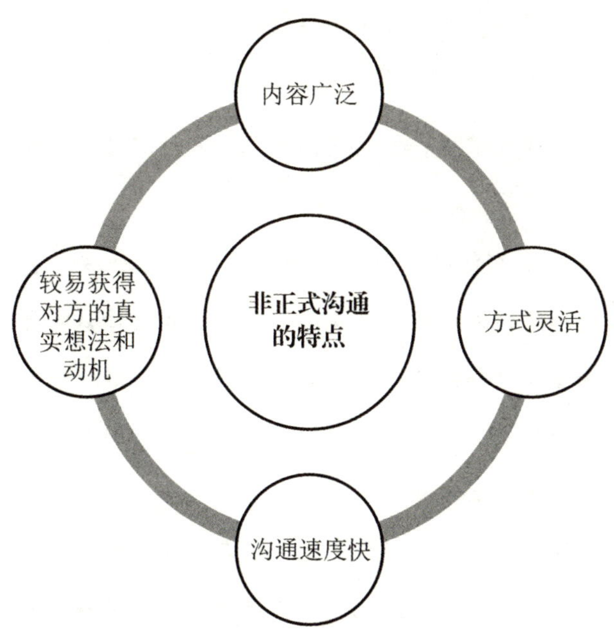

与“闷葫芦型”员工谈心沟通

作为优越生活环境下成长起来的群体，90后的个性通常都得到了施展。在职场中，我们可以看到不少富有激情、健谈而热情的90后员工，也看到很多理智、风趣而幽默的90后员工，也有一些谨言慎行的90后员工……最让管理者感到头疼的则属性格内向、沉默寡言的“闷葫芦型”员工。这类员工通常埋头工作，不喜好讲话，不会过多透露自己的想法。遇到这类人你无形中会感受到一种压抑和沉闷，尤其是对于外向型管理者来说更甚之。

作为90后中的一员，张秉从小就性格内向，不爱说话。在他初入职场时，前辈曾告诉他，要想在单位站稳脚跟，最重要的就是保持谦虚的心态，兢兢业业去完成任务。而尽量少表现自己，少插手其他事情，以免惹祸上身。这建议很吻合性格内向的他，保持沉默比在领导、同事面前炫耀自身能力更易于接受，因此他采纳了。

多数时候张秉都保持沉默，哪怕是进行会议或活动策划，领导询问他的观点和想法，他也不过是淡淡一笑说“我没什么意见”“我没观点”等话来搪塞。起初他的工作还算很顺利，但慢慢地张秉发现，领导很少去了解他的想法，而将重点项目直接交给其他同事负责。而到公司两年后，其他同事要么跳槽要么升职，唯有他一直原地不动。他感到很郁闷，到处在网络上抱怨，说自己能力出众，就因为内向而不受领导赏识等等，这种心情严重影响到他的工作热情，心情郁闷的他甚至在一次会议上直接抱怨，领导和同事们都很惊诧。

“闷葫芦型”员工最大的问题不在于管理者不与他们沟通，而是其自身的性情所带来的沟通障碍。他们也是令管理者极为头疼的员工类型。但这类员工优点也很多，例如能够坚持原则，较有耐心，不招惹是非；能够认真聆听别人的谈话，善于变通；在工作上恪尽职守、兢兢业业；遇到问题时，能保持头脑冷静，满怀信心地对待工作、生活等。如果不能发挥这类员工的潜力，对公司来说是人力资源的浪费。因此管理者应重视“闷葫芦型”员工，照顾他们的心理。

“闷葫芦型”员工具有“闭锁心理”，他们苦恼于无人了解他们的心事，但又不愿意有人过多了解他们的心事，所以对这种类型员工的心理疏导，就显得很困难。对管理者来说，可以通过以下方法来打开“闷葫芦型”员工的嘴巴。

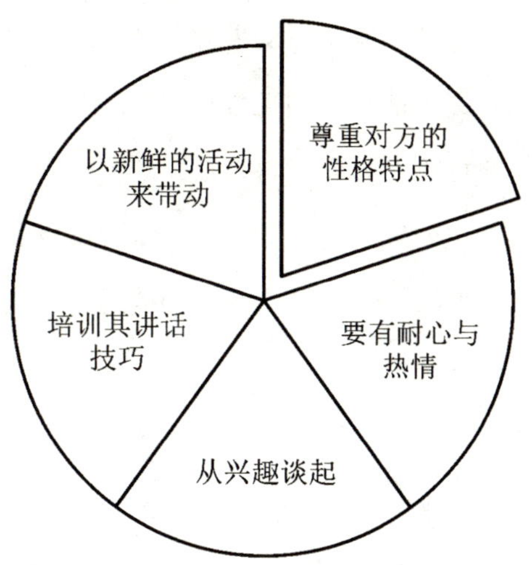

◎ 尊重对方的性格特点

每种性格都有其优缺点，不能因为员工过于“沉闷”而排斥这种性格，要学会尊重员工的性格特点。尊重是相互的，你尊重“闷葫芦型”员工，那么对方也会尊重你，从而为沟通打下心理基础。

◎ 要有耐心与热情

“闷葫芦型”员工喜好安静，过于热情会让他们反感，这一点要注意。在向他们提问时，尽量不要用开放式问题，而应多使用封闭式问题，就不会给他们带来太大的压力；也尽量不要追问他们问题，尤其是他们明显不愿意回答的问题。

◎ 从兴趣谈起

兴趣，是人在情感意志等个性品质作用下对某种事物产生的一种热爱、追求以及创造性活动的倾向。即使是内向型员工也有自己的兴趣爱好，如果以兴趣作为交谈话题，则能较敏锐地击中他的心灵，让他以为你也是同好之人，进而产生心理上的共鸣。

其实内向人的兴趣很好发现，如看书、码字、电影、上网等都是较为常见的，可由此作为沟通的开篇话题，则能迅速拉近双方的距离。

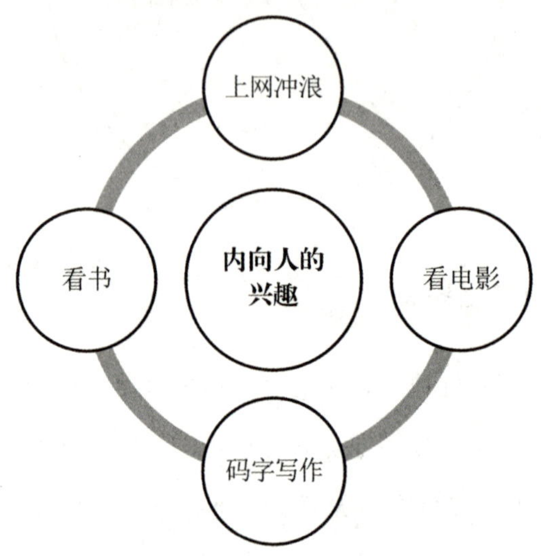

◎ 培训其讲话技巧

可适当让他们参加一些沟通技巧培训班、演讲培训班之类的课程，让他们学习沟通、演讲技巧，提高他们的沟通能力与表达能力，让他们可以说出内心的感受，改善其不善于沟通的弱点，这样就便于管理者了解其真实想法了。

◎ 以新鲜的活动来带动

可以组织一些较为新颖、丰富多彩的活动，这些活动一定要有趣味性，才能吸引他们参与。相反，如果是老套的活动，则不要勉强他们参加，以免结果事与愿违。如果活动能带动他们全情投入、释放热情，也许会改善他们性格中沉闷的一面。

处理好“高期望值”

90后员工已成为职场新生力量，在职场中发挥的作用也越来越大。但由于其心理承受能力较弱，较易因为“玻璃心”而影响到日常工作。因此90后员工的心态管理是管理者应长期关注的方面，要多观察其日常工作并给予引导，同时也要通过培训让90后员工意识到自身的成长，增强其自信，提高其心理承受能力。

马斯洛讲，人最基本的需求是生理需求，然后是安全需求、爱与归属的需求、尊重的需求，最高的层级是自我实现的需求。

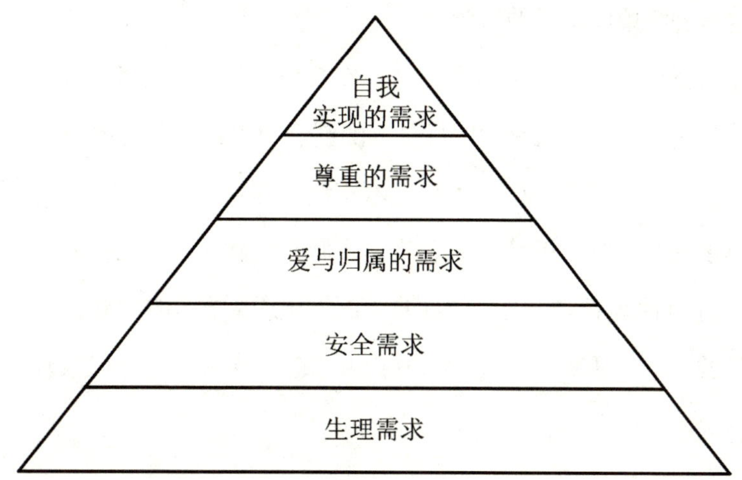

90后成长环境较为优越，其就业并非是为了养活自己，而是满足更高的需求，意味着他们要求工作能够更大程度上实现自我价值，自我意志的体现较为突出。体现在工作行为上就是不服从管理、不好管理，甚至说走就走。这也是导致90后员工被企业诟病的一个重要原因。

自我意识强是90后的一个鲜明特征，因此当他们有情绪问题时，应冷静对待。管理者要意识到此时是员工最需要帮助的时候，应给予理解和帮助，引导他们走出心理低谷，帮助他们重塑积极心态与责任感。

但多数管理者的思路还停在过往经验基础上，这套模式管理70后、80后很有用，但照搬到90后身上，则无法达到同样的效果，甚至会引起双方的矛盾，给予管理者沉重一击，让他们感到茫然失措。这可以称为是年轻员工与固有管理模式间的冲突。

当然，90后是存在一些自我评价过高，对他人缺乏包容心、同理心的问题，导致他们在遇到困难或挫折时选择辞职走人，或者就此抱怨连连，提不起工作精神与斗志，工作效率低下，任务一再拖延。不过固有管理模式确实减少了很多可以实现自我价值的机会，并且给员工贴上标签，这是种简单而粗暴的行为。

作为管理者，应将推动员工的工作效率作为首要任务，发挥员工的积极性与主动性，尤其是让90后员工的创造力得到充分发挥。

员工心理疏导是一门技术与艺术相结合的科学。当前，企业间的竞争焦点多在员工队伍的建设上，唯有了解新生代员工的心理特点，才能更加有针对性地帮助与指导他们。在他们需要帮助的时候介入，用自己的经验和技巧帮助他们，照顾好他们的“玻璃心”，积极疏导，化解矛盾。

◎ 心灵建设

主要是引入新颖与阶段性的心理辅导课程，用案例与事实来讲述更易让人感同身受，效果也会更佳。因此可不定期组织员工观看励志专题影片或心理访谈、各种心理对话等节目，当然也可以通过网上公开课进行学习。之所以要阶段性是为了由浅入深、由简单到深奥，先培养员工的兴趣，然后引导其进行深入学习。

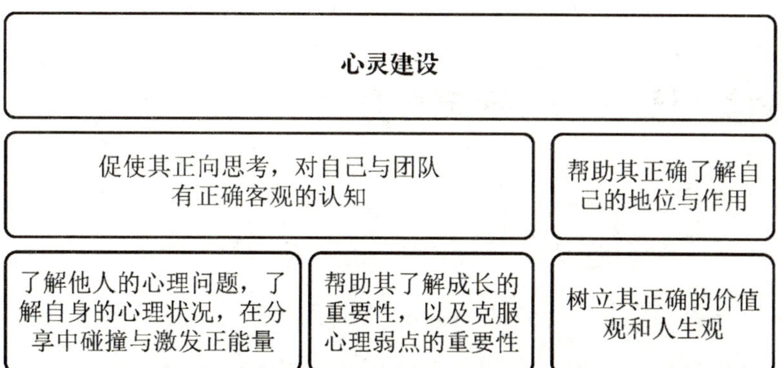

通过学习促使其正向思考，对自己与团队有正确客观的认知、帮助正确了解自己的地位与作用；同时通过了解他人的心理问题，了解自身的心理状况，在分享中碰撞与激发正能量；帮助其了解到成长的重要性，以及克服心理弱点的重要性；树立其正确的价值观和人生观。

◎ 以人为本，也要以心为本

管理中有个原则叫人本管理，其实也可以说是心本管理。每位员工都是独特的个体，是有其性格、喜好的，管理者应根据个体的具体情况灵活选择管理方法，而不是对这一群体进行定性，用统一（诸如加上众多的标签）的方式管理。如果戴着有色眼镜，不仅无法帮助员工解决心理问题，反而会人为制造出新的管理难题。

管人用人，其实也是管心。管心，就要看人心。充分了解90后员工的心理状况，才能针对性地给予指导，才能照顾到90后员工的“玻璃心”，引导他们进行心理管理，从而确保其在工作中维持高效状态，为公司所用。

不同类型员工的心理疏导方案

90后成长环境优越，因而相比80后，他们的个性更为张扬，兴趣更加丰富多彩。由于个性差异、心理状态的不同，导致员工们的外在表现也不一样，也使得管理者无法用统一的心理疏导方案解决他们的心理问题。

针对不同类型的员工，如何进行心理疏导与沟通，乃至控制与把握一些较难管理的员工，都是管理者应重点关注的内容。

◎ 对不合群员工的引导

团队成员个性不一，难免会存在不合群的员工。不合群，多半是由于其性格孤僻导致的，这并非是一天两天形成的，而是众多因素综合作用下的结果。既有生活上的因素，也有工作上的因素。这类员工在多数情况下不会成为争端或者矛盾的制造者，他们习惯于单独行动，言谈举止都较为谨慎，且很少希望与其他人协同合作。由于他们多半时间都是冷冰冰的，导致管理者很难发现他们在情绪上有异常之处，不过由于情绪是会传染的，不良情绪会给整个团队带来消极的影响，因而要特别注意。

这类员工非常讨厌被强迫、被计划，也就是讨厌“被动”。管理者不应强迫他们去做什么，可以用热情或者情感去触动他们，如此才能赢得他们的信任，掌握他们的心理状况，从而化解他们的负面情绪。

从心理学角度来说，人类情感主要有四类来源：恋人、家人、朋友和社会。个体的孤僻程度取决于这四类情感的满足程度。当在这四类情感上无法获得满足时，比如缺乏爱情、友情和亲情温暖等，则易于造成孤僻性格，而且这类人疑心很重，做事情担心别人议论而心惶惶，较易与其他人产生冲突或矛盾。

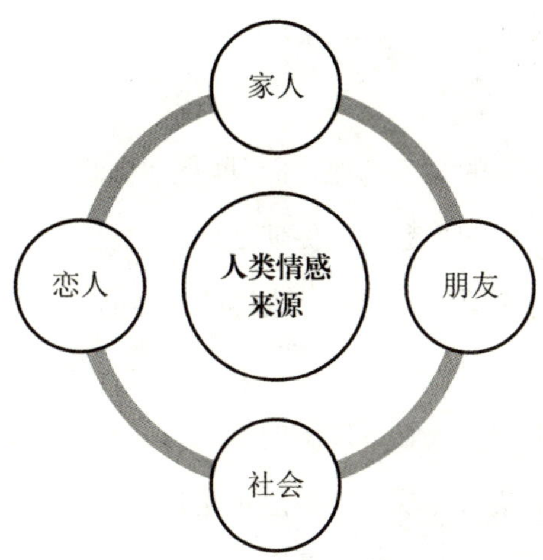

对这类员工进行心理疏导，就要了解其性格特征和心理特点，然后再有针对性地进行心理疏导，才能有的放矢。

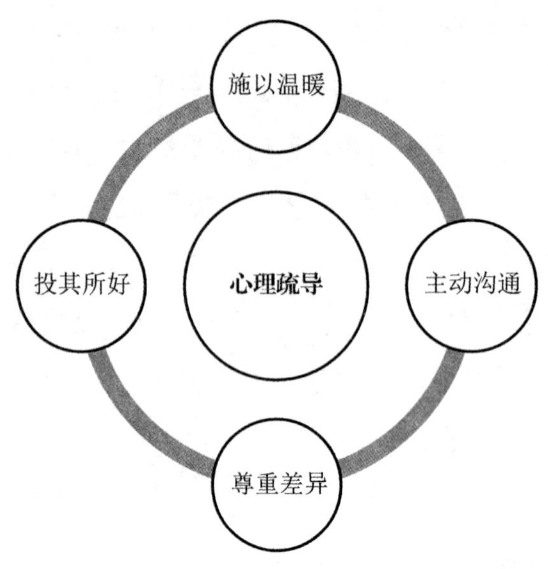

①施以温暖

对性格孤僻的人进行心理疏导最有效的办法是给予其温暖和体贴，在工作、生活、学习上多帮助他们，尤其是当他们面临众多困难时，施以温暖往往能融化他们心中的坚冰。

②主动沟通

积极找性格孤僻的员工沟通，而且由于他们不喜好讲话，因此沟通话题要尽量吻合他们的兴趣，以促使他们开口讲话。不过由于他们爱猜疑，因此在讲话时应留神，措词、遣句都要谨慎。

③尊重差异

他们有时会有些常人难以理解的表现，此时要学会尊重这种差异的存在，而不要冷漠或者无视。当然这不是说要装出一副热情的样子去讨好他们，“套近乎”是没有好结果的。

④投其所好

这类员工总有自己打发时间的方式，管理者可仔细观察，以此为突破口，投其所好，直攻其心。

通过上述行动后，管理者通常可获得他们的信任。有了信任，管理者的话语才有分量，心理疏导行为就有了威信，从而做到事半功倍。

◎ 对不服从员工的管理

对于不服从管理、爱好表现的员工，要为其制定详细的工作细节，否则后续工作进行中极易偏离目标。听他们讲述时要抱有同情心理，不要急于反驳，当他们讲述完毕后，再提出令他们信服的办法。

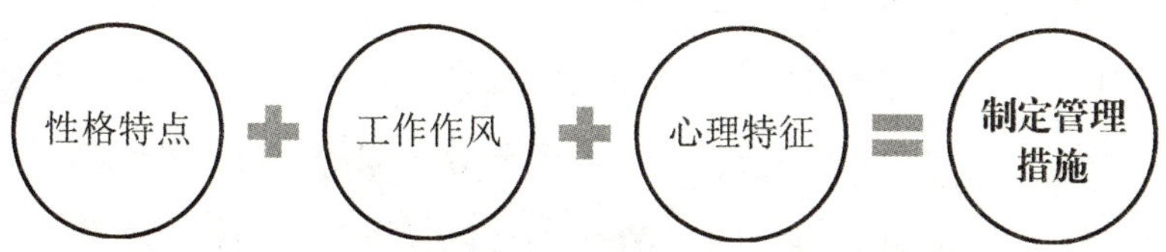

管理是门艺术，心理疏导也是门艺术，面对不服从的员工你不能采用强硬措施，试图从气势上压倒对方，这样只会事与愿违。而应采取同理心对待他们，让他们觉得你了解他们，然后进行深度沟通，就可以避免简单生硬导致的误会与纠纷，因势利导，从而帮助他们解决心理上的困扰。

◎ 善待“老黄牛”式员工

在职场中，既有创造力丰富的90后员工，同样也有“老黄牛”式员工，一个组织只有通过各种类型员工的协同合作，才能确保组织这个大机器的顺利运转。“老黄牛”式员工勤勤恳恳、踏踏实实、兢兢业业，不张扬不炫耀，做事认真，也许没有太亮眼的成绩，但组织也离不开他们。他们低调，因而他们的贡献与成就较易被忽略，也包括忽略其心理问题。

“老黄牛”式员工		
勤勤恳恳、踏踏实实、兢兢业业		不张扬不炫耀
做事认真	也许没有太亮眼的成绩，但组织也离不开他们	低调，较易被忽略

“老黄牛”式的员工虽然低调沉闷，不爱讲话，不喜欢张扬，但他们也会有各类心理问题，会对管理者有各种看法，对公司、工作等有很多建议。但由于他们低调，即使有想法也不会表达出来，而且当有矛盾产生时，由于他们不擅于表达，也多会处于弱势地位。作为管理者应抽出时间，听听他们的见解和心理上的郁闷，有时候管理者只需认真倾听，他们的负面心理就得到了舒解。

这类员工并非无需求，只是较易获得心理满足。管理者只需为他们做出长远的规划，甚至无需太多的物质或精神奖励，就可以疏导他们的心理问题。不然轻则挫伤“老黄牛”式员工的积极性，重则失去他们的信任。

管理者应重视“老黄牛”式员工，且善待他们，用心观察他们在工作中的表现，对其成就及时表扬，对于矛盾及时化解，要学会站在他们的立场上，而不是因为他们不善言语就忽略他们，从而发挥他们更大的作用。

◎ 激发墨守成规的员工的活力

在职场中有些墨守成规的员工，而且随着职场群体年轻化，这类员工数量越来越多。他们以自我为中心，我行我素，尽管你热情地跟他们打招呼，他们也爱理不理，不会用同样的热情回应你。为了疏导这类员工的心理，不妨试着先了解下其性格特征。

墨守成规意味着守旧，这类员工通常缺乏创意，在工作上也很少创新，而喜欢模仿他人，包括做事方法、言谈举止上，都可以找出别人的影子，可以说是无主见、无风格的一类员工。他们对新事物、新环境接受得很慢，缺乏远见。而且工作中遇到突发事情时，他们常常无法变通，不懂得灵活运用，只能照搬老黄历寻找行事依据。

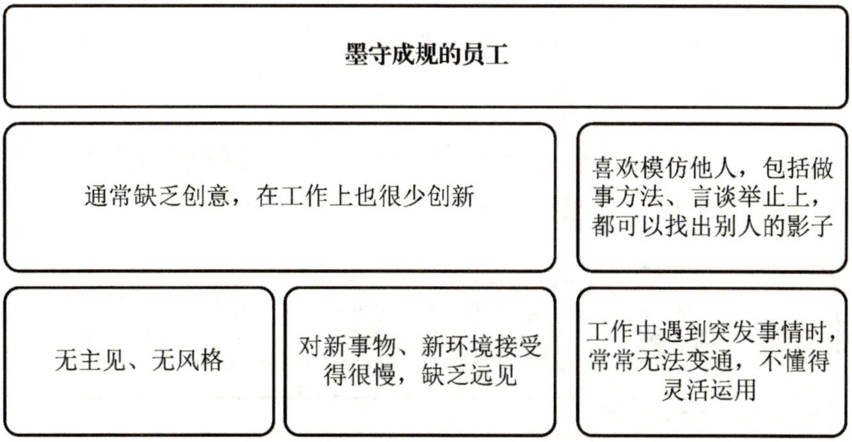

墨守成规的员工

通常缺乏创意，在工作上也很少创新

喜欢模仿他人，包括做事方法、言谈举止上，都可以找出别人的影子

无主见、无风格

对新事物、新环境接受得很慢，缺乏远见

工作中遇到突发事情时，常常无法变通，不懂得灵活运用

不过这类员工的优点也很明显，如做事认真、易于管理，虽然没有什么远见或者创新，但好处是他们不会犯原则性的错误。将一般性或者有规可循的事情交给他们，他们往往能够处理得很好。

尽管有时他们的言谈举止像是在伤害管理者的自尊，但这并非他们的本意，因此不要过于在意，不要以主观感受来判断对方的心态，更不要像对方那样持冷淡态度。相反，要花些工夫仔细观察，注意他们的言谈举止，从蛛丝马迹中发现他们所关心的事情，然后以此为切入点，达到共鸣。

如果懂得站在对方的立场上，维护他们的利益，帮助他们适应新环境、新事物，从而改变和调整他们的心态，这对于企业今后的发展是极为有利的。

人文关怀和心理疏导

公司的长远发展，离不开员工的健康工作心态作为保障。管理者应将加强人文关怀和心理疏导视为一项长期工作，要从公司的现状出发，考虑到90后员工的心理特点及其变化规律，以针对性地进行人文关怀和心理疏导。具体来说主要有以下四个手段：

建立沟通联系制度	•主动与90后员工沟通，去聆听他们的想法，动之以情、晓之以理地引导他们。要建立沟通联系制度，管理者要定期、不定期地走访员工
开通员工心理诉求的信息通道	•向员工公布邮箱，当员工有问题时可直接通过邮件反映。管理者应尽可能阅读每一份邮件，有问必答，有疑必释，在情感与物质上给予他们帮助
建立员工心理干预的疏导机制	•重点在于打通渠道，如搭建“员工论坛”，组建各种工作社群（包括QQ群、微信群），或者是借鉴国外发达国家企业的某些方式，如“安抚模式”等
搭建员工实现价值的平台	•搭建员工实现自我价值的平台，管理者要敢于授权，将一些具有挑战性的工作分派给90后员工

◎ 建立沟通联系制度

很多90后员工认为，作为管理者应该是技术能手，也是百科全书，近乎无所不能，因而有问题他们都非常乐于请教管理者。如果管理者能拿出解决方案，则彼此皆大欢喜；如果拿不出，90后员工则认为管理者能力不到位，却忽略了管理者也是由普通员工做起来的普通人。

因此为了避免管理上的被动，管理者应主动与90后员工沟通，去聆听他们的想法，动之以情、晓之以理地引导他们。要建立沟通联系制度，管理者要定期、不定期地走访员工，全面了解90后员工的工作、生活状况，聆听他们的心声，帮助他们疏导心理问题，对于他们所反馈的问题也要认真处理。

◎ 开通员工心理诉求的信息通道

管理者应向员工公布邮箱，当员工有问题时可直接通过邮件反映。管理者应尽可能阅读每一份邮件，有问必答，有疑必释，在情感与物质上给予他们帮助，当然更重要的是解决他们心里的困惑。

有时管理者也可以邀请一些业绩出色的90后员工共进午餐或者晚餐，双方就一些问题进行深度沟通，或者帮助90后员工化解矛盾。过于重视自我的90后很看重这种精神上的激励，远比给予他们物质上的奖励效果更佳。

◎ 建立员工心理干预的疏导机制

为了了解职场新生代——90后群体的心理状态，避免员工情绪出现过大波动，早一步发现影响其心理的事件，早点解决，可建立员工心理干预的疏导机制。重点在于打通渠道，如搭建“员工论坛”，组建各种工作社群（包括QQ群、微信群），或者是借鉴国外发达国家企业的某些方式，如“安抚模式”等，通过各种手段或者方式安抚员工心理，促使其平静下来，使其将重心放在工作上，而不是被心理问题所困扰。

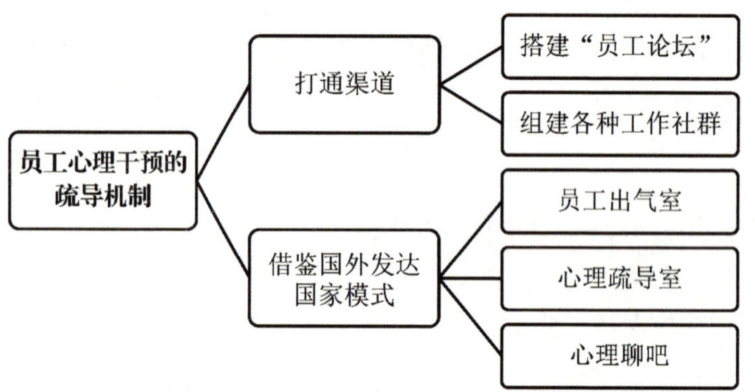

管理者在平时要注意关注90后员工的心理动态，也要加强内部舆论指导、塑造良好的工作氛围，及时有效地引导和化解他们的不稳定情绪。

玖月公司在这方面做得很好，该公司搭建了一个内部的员工论坛，员工可选择匿名方式在上面留言。同时该公司还借助国外的做法，成立员工出气室，又花重金聘请了心理咨询师帮助该公司年轻职员解决心理上的困惑和问题。多种措施齐下，确保员工的心声能及时表达，能及时获得反馈，同时给出相应的解决方案。如果员工的建议不被采纳，则会获得一封感谢信，在信中言明建议不被采纳的理由，而不是忽视员工。该公司管理者每月还会定期到员工中走访，员工有问题可以及时反映。这些举措让公司的氛围非常和谐，提高了员工的归属感和自豪感。

◎ 搭建员工实现价值的平台

90后员工不怕工作难度高、任务重，但怕工作过于平淡、重复无趣，无法实现自我价值。很多公司都遇到过90后入职不久就辞职的现象，究其原因就在于工作无挑战性，无法发挥员工的能力，也就无法实现其自我价值。

很多90后员工频繁辞职是因为他们对自身的职业生涯规划缺少清晰的认知，不明确将来所从事的职业，因而当工作稍有不顺时就选择辞职。当然其中也有些对自我认知较清晰的员工，他们希望快速提升能力，在实现自我价值的同时迈向管理岗位，但实际工作中却缺少上升的机会。

因此，管理者要根据这一现象，帮助90后员工找到职业发展方向，帮助其制定职业生涯规划。要做到这一点，就要求管理者及时根据90后员工的工作状态给予指导，不止是工作技能、工作方法，还包括职业发展规划方面的知识。

管理者应搭建员工实现自我价值的平台，要敢于授权，将一些具有挑战性的工作分派给90后员工。一开始可以是挑战性比较小的，然后慢慢地增加挑战的难度，使其保持对工作的新鲜感。

管理者还可以设立定期轮岗制度，即员工在某岗位工作一段时间后，则进行部门内部或者其他部门岗位调换，使90后员工长期在一个较为新鲜的工作环境中。让其不至于厌倦，始终保持着工作热情，同时也为公司培养了一位“多面手”，可谓是一举多得。

制定职业生涯规划

- 帮助90后员工找到职业发展方向，及时根据90后员工的工作状态给予指导，不止是工作技能、工作方法，还包括职业发展规划方面的知识

搭建员工实现自我价值的平台

- 管理者要敢于授权，将一些具有挑战性的工作分派给90后员工，一开始可以是挑战性比较小的，慢慢地增加挑战的难度，使其保持对工作的新鲜感

设立定期轮岗制度

- 员工在某岗位工作一段时间后，则进行部门内部或者其他部门岗位调换，使90后员工长期在一个较为新鲜的工作环境中

第7章　团队目标——引导90后融入团队，成为企业的中坚力量

随着经济全球化和互联网的快速发展，个人独当一面的情况越来越少见，每个人都无法达到全才的要求，为了更好地完成任务，需要与他人合作。因此引导90后融入团队，进而成为团队的中坚力量，是管理者的重要课题。引导方式是多种多样的，重要的是要因地制宜采取措施，包括制定团队目标等来引导90后员工树立团队意识，培养他们的团队精神。

用企业文化让90后跟上队伍

随着经济的快速发展，新的经济模式不断涌现，当下国内的公司数量已十分可观。但无论哪一类公司，在其发展过程中都遇到过很多问题，最常见的莫过于团队建设。

公司是以盈利为目标的，资金、人才、资源、人脉等都影响到公司的盈利高低，这些当中影响较大、且极具变动性的莫过于人才。当然也有不少公司因人才储备充实而突破瓶颈迈入高速发展阶段，像谷歌、华为等大型企业格外重视人才。但如果仔细观察它们的发展过程，就会发现团队在其成功中起到了非常重要的作用。

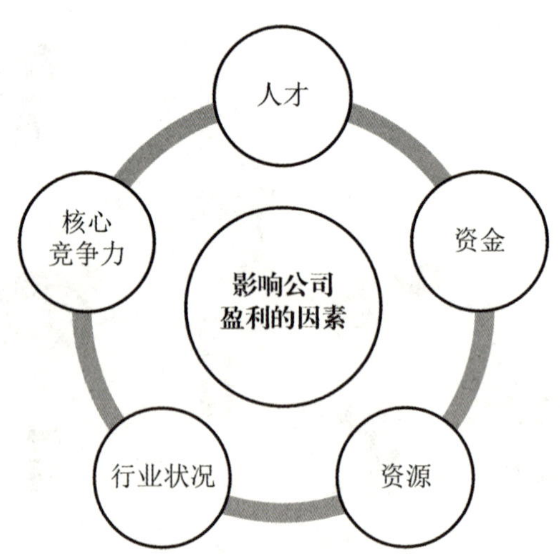

随着90后员工步入职场，他们当中的有些人因为不满公司的一些规定，扬言如果不修改这些规定自己就会辞职，让管理者惊愕不已。在以

往，70后与80后员工即使不满，也不会这样直接说出来，更不会威胁说辞职。但这种事随着90后涌入职场，将成为常态。如果公司的文化与他们的理念不符，他们会勇敢地指出来，且如果公司不改正，他们真的会辞职。许多管理者面对这样的情况时会暴跳如雷，指责90后员工，但很显然，他们不是真正懂得企业管理之人。

这样的行为源于其对管理的认识是肤浅的、片面的，他们只能依靠权力、物质等管理员工，对听话的员工就多加奖励，对不听话的员工则予以惩罚。这些做法无法让员工发自内心地敬佩，如果有一天管理者失去权力、物质等，那么将无人再追随他。而真正的团队领袖即使无权力、无物质，也能赢得员工的追随，甚至在其一败涂地后，可以凭借着团队力量东山再起，这在商业史中并不少见。

从管理学角度来看，强势管理可以促进团队高效，但那只是“治标不治本”，建设公司文化才是管理的关键所在。

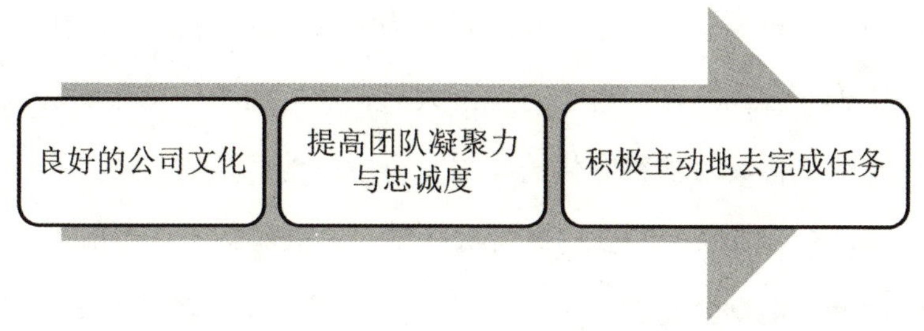

良好的公司文化可以促使团队凝聚成一个整体，提高团队的忠诚度，各成员在文化的熏陶下，凝聚成一股强大的力量，积极主动地去完成任务，那么管理就能达到事半功倍的效果。

管理90后员工，首先应该确保团队有着共同的奋斗目标，不会因为突如其来的变故而解散，打造一支有着共同奋斗目标和信仰的员工队伍。

就如在苹果公司内部，人们会看到表情轻松、一脸幸福的员工，这是由于苹果公司倡导创新、专注设计、关注细节，因此在这里工作，薪酬并非是最重要的，很多优秀人才都是被苹果公司的企业文化吸引而来的。

在苹果公司，员工可以随心所欲地装扮自己，而不用担心管理者会怎么看，也不用担心其他同事的看法。在这里，员工无需考虑到其他情况，只要按时完成工作，没有干扰其他成员的工作，那么公司就是员工的家。在这里，员工可以与高级管理者共用一个办公室，可以在上班时间休息、打游戏，甚至去食堂吃东西。

这种看起来毫无约束的工作环境，很多管理者觉着岂不是乱套了，然而事实并非如此。苹果公司团队的高效是其他公司望尘莫及的。在同一个组织内部，大家只是承担的职责不同，但每个员工彼此都是平等的，员工的建议和利益会得到重视，这是优秀公司文化所具有的效力。

"不顾家庭、不顾身体、兢兢业业"的劳模形象已然不符合时代的需求，而且不再具有普遍意义，更是不为90后员工所接受。对90后员工而言，优秀的公司文化的影响力是巨大的，他们的责任感和团队意识较为薄弱，但文化具有潜移默化的作用，可以让他们认同与融入企业中，愿意与公司一起成长，对公司更有责任感，也更具有团队意识。

管理者要根据公司的情况，包括过去、现在与将来的发展状态，并根据行业、地位、团队等量身定制公司文化，要尊重差异，尊重员工的不同个性和特点，尊重团队的每一个成员。要建立薪酬制度，给予员工较大的自由空间，用公司文化让90后跟上队伍，将个人利益与公司利益有效地结合起来。同时也要打造良好的沟通条件，包括沟通氛围、沟通渠道、沟通环境等，帮助90后员工快速与其他人进行沟通，搞好关系，扩展关系网络，快速融入团队。

促进团队精神的情感纽带

如果90后员工能感受到来自于团队的情感纽带，那么他们离开团队的可能性就会极低，这是团队精神的作用。

很多公司有个传统的习俗，即当新成员来到团队时，老成员们会排成两列，高举手臂组成一个通道，让新成员从中通过，并发自内心地为新成员欢呼和鼓掌。虽然阵势较为简单，但却让新老成员建立起了联系，让新成员可以快速融入新团队，强化了团队成员所感受到的纽带关系。

在团队中，成员表面上是彼此关联的，一方面他们是有着共同的目标、彼此分担工作任务的合作伙伴，另一方面则是将对方视作未来获取奖励与晋升机会的对手。有些成员会因为彼此意气相投、志同道合而惺惺相惜，甚至逐渐成为好友。但要想充分发挥团队的创造力和潜力，那么每个团队成员间都应建立深层的纽带关系。

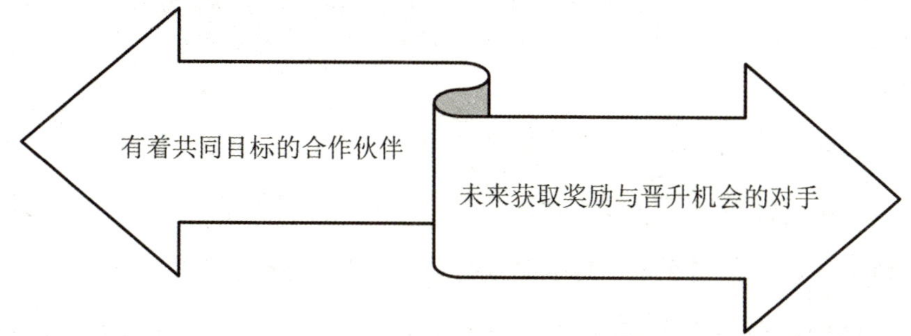

当团队成员间建立了联系，就能从对方身上感受到人与人之间的情感纽带，并感受到来自对方的关心、信任、关怀，会获得一种融入团体

的归属感和成就感。90后员工所要的不只是工作关系，还渴望与对方有更深入、更个人化的情感纽带关系，并从中获得自我满足感，也会让其感到自我价值的实现。

信任纽带让团队成员间的关联更加密切，也是其他人类情感产生的基础，包括关心、尊重、合作、欣赏甚至是爱慕，这种融洽的关系会大大激发90后员工的创造力。创造力很多时候源于风险承担意识，而当90后员工与其他成员关系融洽时，其承担风险的热情就会提高。只有当他们觉得安全、自在时，才会有最具感染力、最具创新力和最具吸引力的创意。

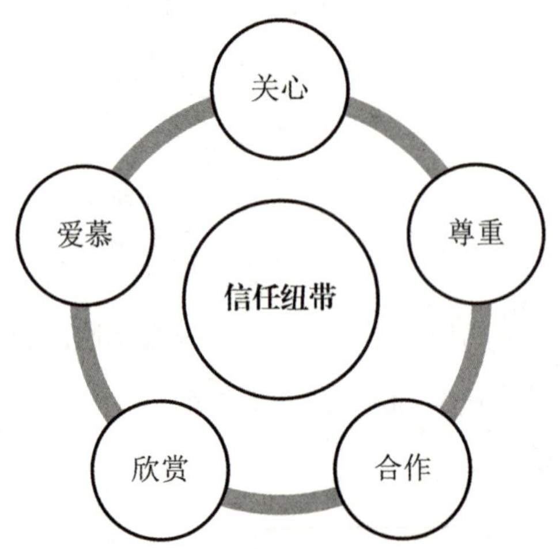

管理者要想在团队中建立信任，首先一开始就要信任90后员工。如果一开始就打压他们，拿出众多的规则条例来约束他们，就像是在跟90后员工说："公司不相信你们会遵守规矩完成任务，因此拟定了这本手册。你们可随时将工作行为与手册对照一下，看看哪些方面不符合要求。"这会让90后员工感觉他们不被尊重与信任，从而心生逆反，进而影响到工作热情。

调查显示，团队遭遇外部威胁，对团队建立强大的情感纽带是很有帮助的。如团队成员间曾一起面对外部的威胁，克服了一个又一个的困难，最终成功拿下了项目。尽管团队最后解散了，多年后，他们重聚在一起，仍然能感受到彼此身上强烈的情感纽带，相比那些未能共同面对外部威胁的同事关系要亲近很多。

因此有些公司会在员工入职前进行培训，观看一些讲述公司发展历史的影片，重点突出公司与其他公司的竞争、冲突，双方为了拿到项目你来我往、屡出绝招，以及公司后来崛起，不断地强调公司的奋斗精神。这都是为了让员工感受到来自外部的威胁，促使员工抱团，建立起极强的集体荣誉感。

◎ 避开常见的纽带陷阱

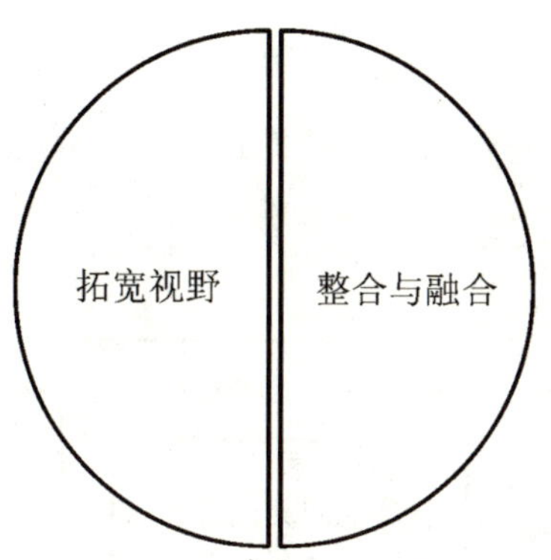

建立情感纽带，可以快速提升团队的凝聚力与战斗力，但是如果关系太过紧绷则易于崩溃。很多证据表明，过于强调一致意见和相互支持较高的团队一样会做出糟糕的决策。因此管理者需要找到一个平衡点，避开纽带陷阱。管理者可从以下几方面帮助团队避免陷入小集团的弊端。

①拓宽视野

有时管理者要从更广阔的视角来看待问题。如某公司开发了一款创新型产品，团队成员共同设计了一款新型蚊帐，融合了特制配方的杀虫剂，既能驱赶蚊子，又能杀死传播疾病的害虫，可谓是一举多得。这款产品上市后，销量可观，成为公司的主要销售产品之一。而这款蚊帐是来自不同的背景、教育经历和观念的90后员工的共同工作成果。

这项产品的成功源于成功运用团队的智慧实现创意，而且这项工作当中最关键的两名90后员工来自于不同的部门，一位是纺织品部门的，一位是杀虫剂部门的。在过去，这两个部门之间几乎没有交集。如纺织品部门只是想方设法开发新材料，而杀虫剂部门则尽力研究新一代的驱虫化学剂。而管理者拓宽视野后让这两个部门展开合作、分享创意，结果创造了非凡的成就。

②整合与融合

将熟悉或者不熟悉的事物进行融合，将不同教育背景、生活经历的员工集合在一起，让差异化的思维模式在这里碰撞，从而激发团队的创造力，这极为考验管理能力。

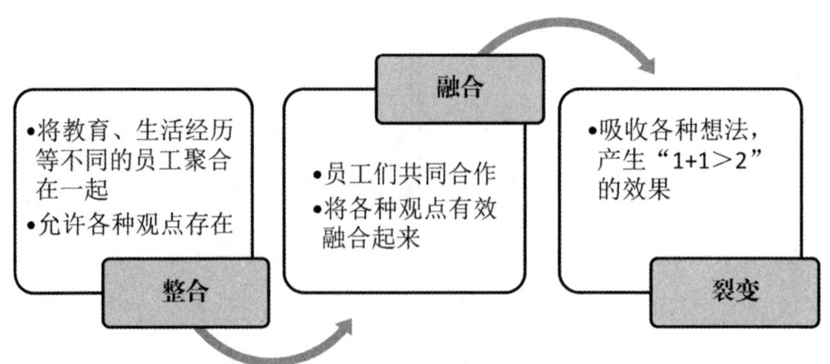

管理者需在团队成员中找到正确的人选，将那些思维模式接近的、彼此熟悉但却有截然不同的观点的员工汇聚到一起，既要让他们能互相

影响，但又能太过融合，这个度的掌握难度很大。

随着时间流逝，团队成员就会有情感纽带关系，至少表面上很和谐，彼此协同合作，朝着一个方向前进。在此氛围下，员工们工作热情高涨，保质而高效地完成工作，彼此间的相处也很融洽。所以从现在开始就着手建立团队精神的情感纽带吧，一旦搭建成功，其收获是巨大的。

责任链让90后员工勇担重任

优秀团队都具有分工明确、目标明确、职责分明等特点，因而具有较强的执行力，而团队成员依靠团队精神进行自我管理、互帮互助，约束彼此的工作行为构成一个责任链。

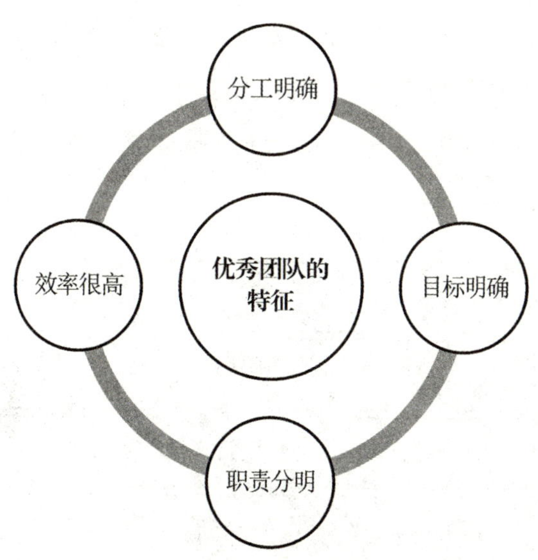

团队中的各种关系都可视为责任的关系，每一个责任看似独立，

但都与上、下、左、右等关联者构建成责任链，如横向岗位间的责任关系，纵向的管理与被管理的关系，构成了环环相扣、互为铺垫、彼此激励的责任链。这条责任链促使团队的每个成员尽力完成自己的工作，执行到位，发挥员工的个能潜能，确保团队处于高效运转状态。

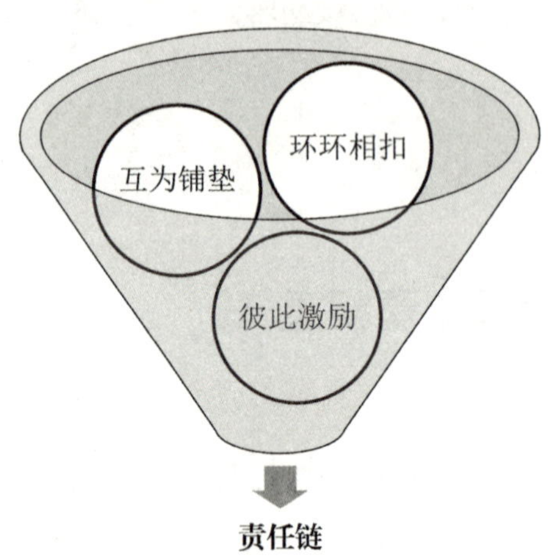

责任链

由于责任链的存在，各岗位间都彼此关联，任何一个岗位的上下左右都有关联的责任相互驱动，如果员工不尽责，则责任链就会崩溃，进而影响到整个团队。为了避免因某环节缺失责任而导致责任链断裂，就要求每位员工都要坚守责任，认真完成好自己的工作，确保业务的正常运转，从而为公司带来源源不断的动力与效益。

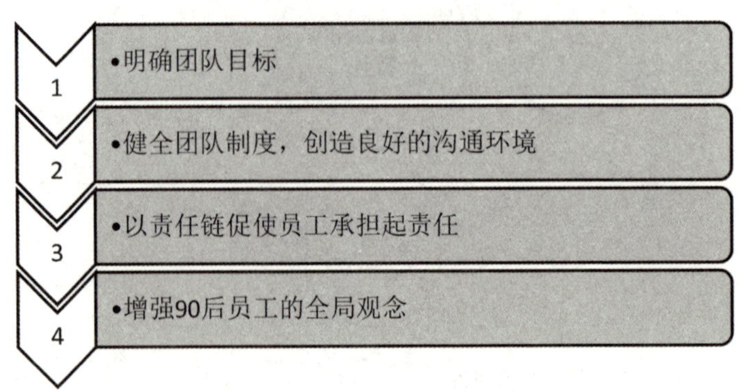

◎ 明确团队目标

团队目标是将90后员工汇聚在一起的核心，可以鼓舞他们朝着目标前进，可以考量团队成员的工作行为，也是衡量其工作价值的尺度。有了明确的目标，就可塑造一种敢于拼搏、奋斗和勇于追求卓越的文化氛围，是团队成员奋斗的源动力。

带队伍一定要做到目标化管理，让员工不要盲目地工作，而要在目标的指引下高效率地工作。同时目标明确是正确决策的前提，是协同合作的旗帜，让员工有方向感，让团队资源更为集中，让员工更易实现其自我价值。

◎ 健全团队制度，创造良好的沟通环境

健全的制度是管理的根本，也是高效执行的基础。完善的制度可以规范成员的行为，尤其是能够让90后员工的工作行为不致于太过越轨。如果缺乏健全的规章制度，缺少约束团队成员的力量，就无法形成纪律严明、作风过硬的团队氛围。好的制度应该是严明、规范、科学且易于操作的，这是将管理行为程序化、标准化、透明化的基础，尤其是建立激励机制、薪酬制度、绩效考核制度，对提高员工的工作效率、保持工作热情极有助力。

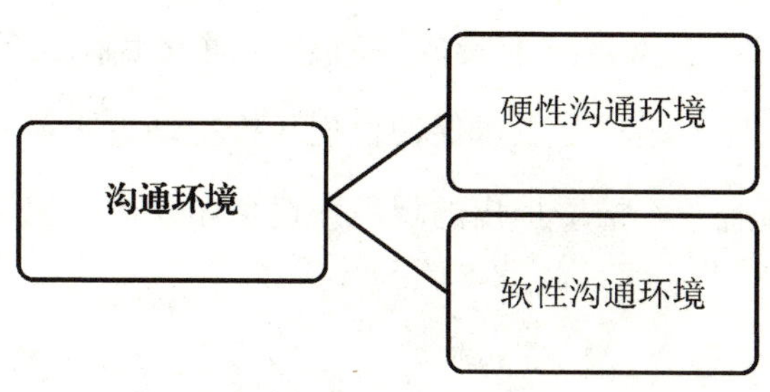

在着手完善规章制度时，也要建立良好的沟通环境，包括硬性沟通环境和软性沟通环境，确保90后员工的心声能及时传达。好的沟通环境有利于化解各部门、各员工间的分歧与矛盾，也能提高团队的凝聚力，是减少“内耗”的有力举措。90后员工对沟通环境很看重，这也是让其快速融入团队的重要措施。

◎ 以责任链促使员工承担起责任

在打造团队时，应着重打造“责任共同体”，明确团队成员间的责任链，即各岗位、上下级、工序间、部门间的责任关联，明确每一环节的具体职责，确保每位处于链条中的员工都清楚其自身的使命。

责任共同体

明确团队成员间的责任链，即各岗位、上下级、工序间、部门间的责任关联	确保每位处于链条中的员工都清楚其自身的使命	明确每一环节的具体职责

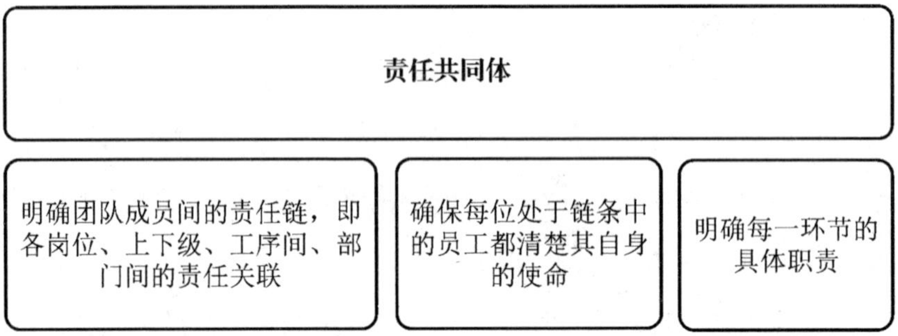

管理者要让每位团队成员明确自身的职责，包括那些入职不久的90后员工，并勇于承担责任。同时也要搭建互利互助、协同合作的平台，让团队成员获得履行职责的成就感。而90后在职场中很重视成就感，因而这在一定程度上可促使他们积极主动地去落实任务，减少团队内部责任脱节、推诿扯皮的现象，避免团队内部出现责任不明等问题。

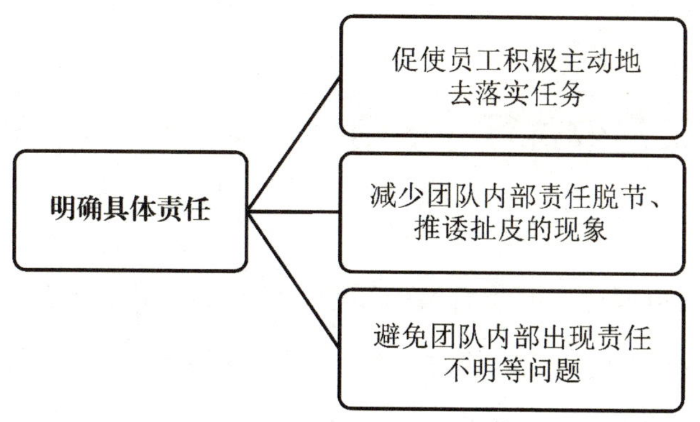

让90后员工明白，履行责任才会迎来发展机会和更大的发展平台，可以说选择承担责任就意味着选择了一条快速成长的道路。

同时还要要求90后员工有较高的忠诚度和责任心，人品永远是第一位的，要养成在工作中承担责任的习惯，履行职责，认真做事，假以时日，必将会出类拔萃。社会上不缺有能力的人，而是缺少勇于承责之人，既有能力又勇于承担责任的员工更是少之又少。

◎ 增强90后员工的全局观念

要引导和鼓舞90后员工参与集体活动，积极为团队出谋划策，提出对团队发展有利的建设性建议，贡献自己的力量。这就需要增强90后成员的全局观念，让他们着眼于团队整体，而不是只盯着自己眼前的那点利益。局部利益和个人利益是低于团队整体利益的，毕竟只有团队快速发展，身处其中的成员才能赢得快速发展。要鼓舞90后员工将个人追求融入到团队目标中，实现团队效益最大化。

90后员工高效执行的法则

执行力指通过一系列有效的系统、组织、文化、流程等将上层的决策转化为现实的结果的能力，也就是员工们按照决策全面、快速、灵活、保质保量地完整各项工作任务的能力。

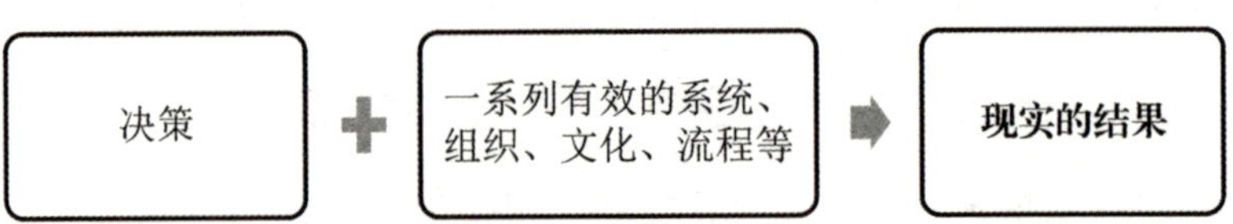

企业的目标、设想、蓝图、方案、计划都需要强有力的执行力作为保障，否则只会沦落为纸上谈兵。执行力事关企业成败，没有执行力就无法构建竞争力。90后作为企业的新生力量和日后企业的主要推动力，他们的执行力将会影响到企业的效率与效益。他们个性鲜明，创新能力强，有强烈的自我实现欲望，期待快速晋升，但也表现出缺乏团队精神和责任意识，对企业的规章制度较易感到压抑和不满。虽能为企业带来新氛围，但普遍执行力较弱且忠诚度不高。

优势

- 个性鲜明，创新能力强
- 有强烈的自我实现欲望
- 期待快速晋升，工作动力充足

劣势

- 缺乏团队精神和责任意识
- 对规章制度较易感到压抑和不满
- 普遍执行力较弱且忠诚度不高

很多90后员工对职业生涯规划不明确，在工作中很少关注自己为企业做了什么，而关注企业能给予自己什么。这些员工在处理任务时，常常会依赖个人意愿行事，眼高手低、自律性极差，意识不到执行力对企业的重要性。甚至有些员工认为所谓的执行力，不过是管理者要求员工多做事、快做事的借口。

优秀员工从不在职场中找借口，而是将每项任务都尽责完成，即使遇到困难他们也会想办法解决，必要时会寻求领导的帮助。他们不会推诿拖延，他们高效执行所接到的任何一项工作，这是敬业精神的体现，是对工作、对自我负责的态度。

执行力的强弱由两部分组成，即能力和工作态度，能力是基础，而态度则是决定执行力高低的关键。高效团队与普通团队的差别就在于执行力的强弱，没有执行力就没有竞争力，团队也就无法从竞争中胜出。

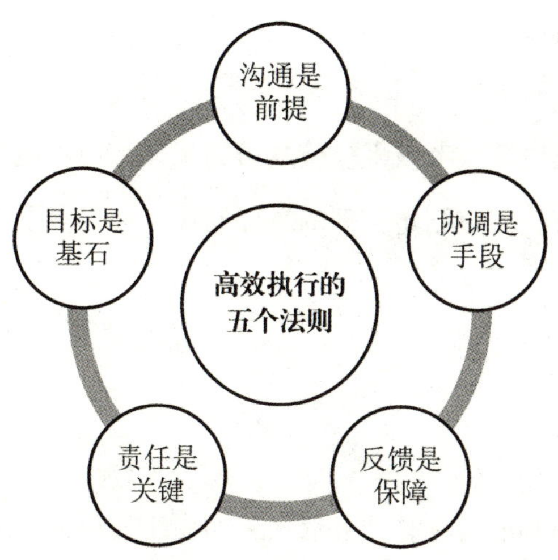

◎ 沟通是前提

良好的沟通是高效执行的前提，执行任务过程中的有效沟通有利于发现执行中的偏差，然后及时纠正，否则小的偏差最后可能演变为难以挽回的大损失。沟通还能做到“群策群力、集思广益”。

◎ 协调是手段

高效完成任务需要团队成员彼此协同合作，需要管理者协调各种资源，为了共同目标而齐心协力。

◎ 反馈是保障

执行得好坏是由反馈得知的，根据反馈来的结果能及时了解决策上的弊端。

◎ 责任是关键

虽然可以通过绩效考核来检验成员的工作，但不能只通过道德、制度或规范来约束，而应制定合理的激励制度，以提高员工的敬业精神，从而提高执行力。

◎ 目标是基石

一定要有明确的目标，让90后员工明白工作所应达成的结果，否则在执行任务的过程中，可能会因为他们散漫的个性而导致任务拖延。

随着90后不断地涌入职场，采取措施提高他们的执行力就显得至关重要。面对追求个性的群体，管理者不能沿袭以往的管理方法，否则结果将事与愿违。提高90后员工的执行力并不难，关键是要做到以下几点：

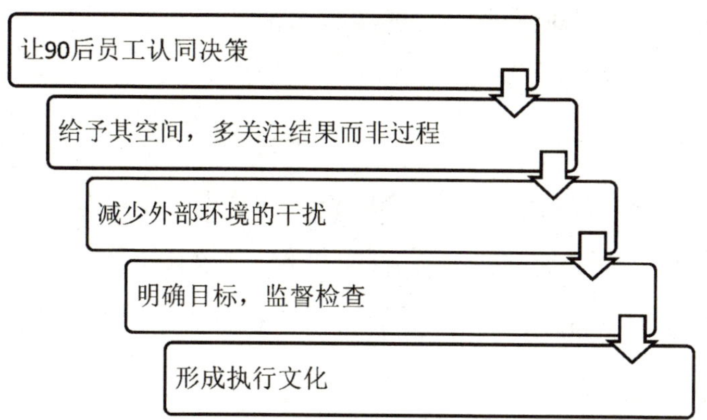

①让90后员工认同决策

多数管理者喜欢听话的员工，希望员工能按照其所吩咐的去做。但90后员工不是机器，他们有自己的思维，讨厌被动，也不愿意去做自己不了解、不理解的事情。当他们对工作、决策认可时，就会高效执行；而当他们迷惑时，会产生抵触情绪，就无法很好地执行任务。这时可通过有效沟通，让90后员工明白决策的意义及执行的重要性，让他们发自内心地去执行，才能提高执行力。

②给予其空间，多关注结果而非过程

90后从小受西方文化影响较深，更喜欢创新与自我研究，有时他们会瞧不上前辈们所谓的“经验”。管理者要了解他们的这一特点，将所希望达到的效果具体、详细地告诉员工。同时90后员工讨厌束缚，要给予他们更多的空间，让其能自由发挥、积极主动地完成任务。

结果导向的公司文化是提高执行力的土壤。团队是由员工组成的，而不同的员工在个性、思考、行动、生活经历、专业技能、工作经历等方面都不同，将这些分力凝聚起来成为推动公司发展的合力，只能依靠结果导向的公司文化。注重结果，不注重过程，让员工以自己所喜欢的方式完成任务，实现公司与员工的共同成长。

③减少外部环境的干扰

90后员工工作、生活都比较丰富，他们要忙着参加各种PARTY，参加各种培训等，相比80后们要多出很多“重要的事”，因此让90后踏踏实实工作八小时已不是件易事。管理者不应强求其加班，要想尽方法减少外部环境对他们的干扰，让他们能够安心工作。这也是提高其执行力的关键。

④明确目标，监督检查

普通的执行力提升方法对90后员工也是适用的，其中很多方法虽然简单，但却很有效。如将任务目标细化，难度由弱到强等。帮助90后员工尽快适应职场的游戏规则，适应企业的管理风格，提高其工作能力，最终提升他们的执行力。

⑤形成执行文化

选择、提拔执行力强的团队成员，并给予其相应的权力和奖励。管理者要身先士卒，体现榜样力量，以鼓舞带动员工，同时通过激励制度处罚执行力差的员工。通过多种措施，将执行文化一点一滴地强化，融入到员工的日常工作中，让90后员工感受到企业的执行文化，让他们意识到执行力强就可获得奖励，执行力差就要接受惩罚。长期强化就可形成氛围，这也是提高90后团队成员执行力的秘诀之一。

管理团队的注意事项

团队管理的流行跟日本有关。日本经济从20世纪60年代开始腾飞，到90年代已经能与美国相比肩，在机器人、处理器等方面的成就甚至超过了美国。而日本经济之所以腾飞，与团队管理密切相关。战后日本除了人力资源外，几乎没有其他竞争优势，但日本企业处处体现着团队精神，这是日本企业的一大鲜明特征。现如今团队管理已经很普及，被各企业奉为圭臬。

企业要想发展必须有团队做支撑，只靠个人力量是无法维持整个企业运转的。“团结就是力量”这句话说明了团队的重要性，唯有发挥团队作用，企业才能维持健康、高效的发展。

但团队能否维持高效状态，则要看管理者的水平。“主将无能，累死三军”，管理者管理水平差，会严重妨碍团队的成长。

就如同一颗种子长成参天大树要经历种子期、萌芽期、树苗期、成长期、成熟期等，团队从无到有直至成熟也要经历组建期、激荡期、规范期和成熟期。团队的阶段性发展特征决定了团队管理是个逐步完善的过程。团队处于不同的阶段，就应该有不同的管理方法。

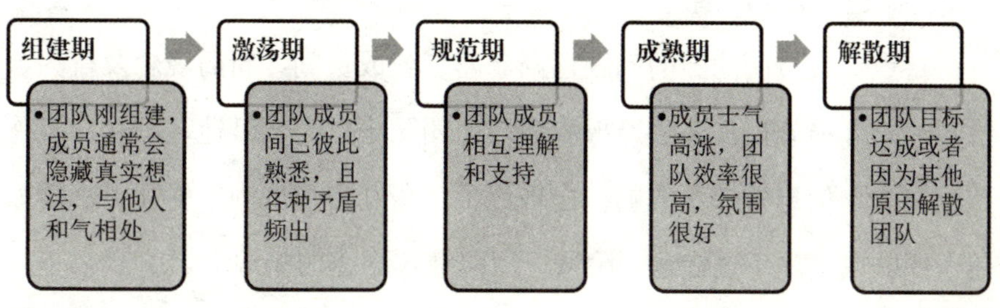

◎ 组建期

这是指团队刚组建的时期，通常为团队成立的1~3月之内。

特点：对团队目标和个人目标不了解；团队成员还很陌生，互相猜忌；对自己在团队中的职责不清楚；对团队规则不熟悉；人员流动性较大；多依赖于管理者的引导和管理。

团队组建期的管理要点	
组建团队	按照需求寻找合适、互补的人才组建团队
设定目标	设定团队的目标，构建团队愿景
指出方向	指出团队前行的方向，让成员心里有底
设定管理者，对成员进行分工	为团队设定管理者，引领团队；同时对团队成员的职责进行划分，让他们明确自己的职责
定规则	制定团队规则，明确团队纪律
树信心	增强团队成员对企业前景的信心，降低人员流动率

◎ 激荡期

激荡期也称磨合期。经过组建期的彼此交往，团队成员间已有初步了解，开始进入磨合时期。

特点：成员间隐藏的问题逐渐暴露；各成员间、新旧观念及行为、成员和新环境间出现各种摩擦和分歧；团队士气比较低迷、困惑；工作热情下降；信息传递不通畅，出现混乱；管理者权威尚未树立，不能取信于团队成员。不过在这一阶段，团队绩效增速也非常快。

团队激荡期的管理要点	
领导团队	担当团队里的教练角色，帮助团队成员了解职责、解决难题，帮助其成长
处理冲突	快速处理员工间的摩擦和冲突，安抚人心，在处理中遵循公平公正、对事不对人的原则
决策透明	鼓励成员参与决策，使决策透明化
多组织活动	互动活动有利于加强成员间的了解
信息披露	规范工作流程，及时披露对团队影响较大的信息

◎ 规范期

规范期是指经过磨合期后，团队进入一个较为稳定的状态，信息能够及时披露，决策透明，冲突也能得到快速处理的阶段。

特点：团队成员会相互扶持、相互理解，减少摩擦和冲突行为；保持良好的工作关系等；各成员常为了避免冲突而隐藏自己的真实想法，不发表有争议性的看法等。

团队规范期的管理要点	
打破沉默	管理者应鼓励成员将真实想法说出来，即使是有争议的想法
树立成员责任心	对个人、他人、集体、家庭、社会等所担负的责任的认知，以及承担责任的自觉态度
树立权威	权威的树立是管理工作的重要内容，有权威的管理者所下达的命令会被成员自觉遵守和不折不扣地执行

◎ 表现期

表现期是指经过规范期后，成员敢于表达自己的真实想法，勇于承担责任，积极分担管理者工作，自信、积极地去努力工作的阶段。

特点：成员间彼此非常了解和熟悉，彼此尊重和支持；信心高涨，敢于面对各种挑战；合作意识加强，能够分工合作、密切配合，共同完成任务；团队文化、前景等已得到成员认可，工作效率大幅提升；员工工作技能快速提升，尝试独立去完成任务；团队维持高效运转等。

团队表现期的管理要点	
鼓励竞争	通过一些具有挑战性的任务来培养成员，鼓励成员内部进行良性竞争
敢于授权	授予团队和成员更多的权力，鼓励他们勇于承担责任
提高效率	通过优化工作流程、简化程序等来提高效率

◎ 解散期

指团队完成目标或者因为其他意外因素不得不解散团队的阶段。

此阶段管理要点是安抚人心，处理好后续事项，包括团队的工作由谁接手、团队成员的安置等。

90后团队的三大管理法则

提到团队管理，管理者可能会首先想到完善的管理制度、科学的管理工具、各种流程、各项数据和不同的任务等。这些虽然没错，但团队管理最重要的仍然是人的管理。团队是由人组成的，赢得人心，才能赢得团队成员的尊重，而人心是难以把握的，不能将人转变为纸面上简单的数据。因此团队管理的重点在于人心，如果想引导90后群体融入团队，那么就要掌握他们的心理，赢得他们的信任。

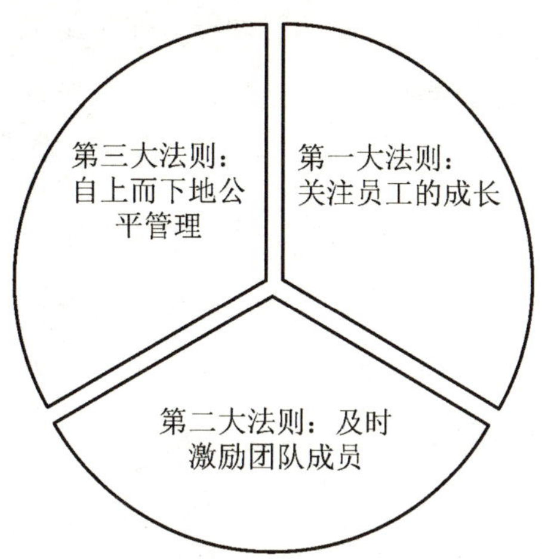

◎ 第一大法则：关注员工的成长

其意义要大于关注业绩的增长。即使经过数十年的发展，团队管理仍是管理学中的难点课题。管理团队时难免会遇到很多问题，如90后员工不听从命令；团队业绩止步不前，遇到瓶颈，成员人心涣散……有时管理者很焦急，团队成员看起来都很有潜力，为何团队业绩却始终不尽如人意?

其实原因很简单，在于管理者不明白90后员工想要的究竟是什么。

优秀管理者应抽出时间与90后员工深入沟通，了解员工来到团队的目标是什么。如直接询问："你来到团队，希望能从中获得什么？"

如果员工回答直接肯定、毫无犹豫，则表明这名员工的目标感极强。此时管理者要做的事就简单了，就是将目标分解，将其与团队目标相对照，看下这两者如何结合才更为妥当。

当然很多时候会遇到很迷茫的员工，他也不知自己想要的究竟是什么。对此，管理者可以说："如果你不知道自己想要什么，那么我可以帮助你创建一个。我希望在以后的时间里，你能在这里愉快地工作，跟其他人谈起工作时你是幸福的、骄傲的，不会羞于谈论公司的名字，希望你能在这里工作得开心。"

明确90后员工想要的是什么，才能将团队目标与其个人目标结合起来，以便发挥出最大的战斗力。管理者应抽时间多与员工沟通，了解他们的想法，并提供相应的帮助。如果90后员工感到管理者是在真心帮助他，那么企业所获得的将是非常丰厚的回报。

◎ 第二大法则：及时激励团队成员

90后员工是极为重视自我的，他们重情感而轻物质，因此要懂得及时激励他们，让他们始终保持着对工作的热情。

如管理者可举办"找优势"活动，活动的具体流程如下：选择一个较为宽敞的场所，最好带点音乐，然后召集团队成员（一次参与活动的成员最好不要太多，如果团队人数较多，则可分批举行），各参与成员依次讲述自己认为某成员的优势是什么。假设参与成员共有9人，那么每位成员都可获得8份评价，发现8个优势。要注意的是在活动过程中只能谈论优势，不允许谈论劣势。

管理者会发现，这项互动活动的好处有很多。如：使90后员工的信心更充足，面对任务与困难更有毅力；各个成员可充分了解团队的其他成员，对增强团队凝聚力极有帮助；了解别人的优势，强化自身的优势，为下一步改进提供了帮助。

对90后员工来说更重要的不是物质上的激励，而是心理上的肯定。管理者应常观察团队成员的心理状态，一旦发现有员工情绪低迷时，则可举行类似的谈话。这有助于让团队成员保持较强的战斗力，从而帮助其快速融入团队。

◎ 第三大法则：自上而下地公平管理

管理好团队的前提是管理好自己，你是管理者，你宣扬的文化即是团队文化；你位高权重，你的一言一行都对其他成员带来影响；你的言谈举止可能会成为某种标准……管理者要清楚，很多时候管理是种义务而非权力，不表示你拥有了特权，相反，是因为有了团队成员的信任，管理工作才能顺利进行，才变得有价值。

如果希望引导90后员工尽快融入团队，那么管理者应先做好自身的工作，要让他们看到你与他们一样都在朝着共同目标而努力，没有特权，对每个人都公平公正。

如果你希望90后员工不迟到，那么你应每天提前早到办公室；如果你希望成员多多沟通，那么你应主动跟他们沟通；如果你希望团队成员有责任心，那么你就要言出必行。

身先士卒的影响力是巨大的，它能带领90后员工快速融入团队，很快成长为公司的中坚力量，为企业发展贡献力量。

第 8 章　物质激励 + 精神激励——点燃 90 后员工的工作热情

企业最关心的是什么？是绩效！有了绩效企业才能更好地生存，而绩效是由员工创造的。但在职场中经常可以看到，有些员工能力很强但业绩却并不出色，究其原因不难发现是因为缺乏激励。激励包括物质激励与精神激励，要想点燃90后的工作热情，除了要注重物质激励外，更应重视精神激励。

有效的激励机制是公司发展的重要保障

激励机制指通过一系列科学化的制度体现员工与企业相互作用的关系。一是可以通过激励机制，将员工安排在合适的位置上，也可以通过调换岗位来增强员工的新奇感，以此让员工保持对工作的热情与积极性；二是通过让员工获得激励，无论是精神激励或者物质激励，来增强员工对公司的归属感和认同感，将实现自我价值与满足心理需求结合起来，从而激发员工的潜力。

给予员工奖金、物品、升职等物质激励的作用是有限的，且无持续效果。而精神激励则是可持续的，是能产生强化作用的。

激励机制形成后，就可以在组织内部产生作用，促使整个组织处于高效状态，且会持续对组织的发展带来影响。

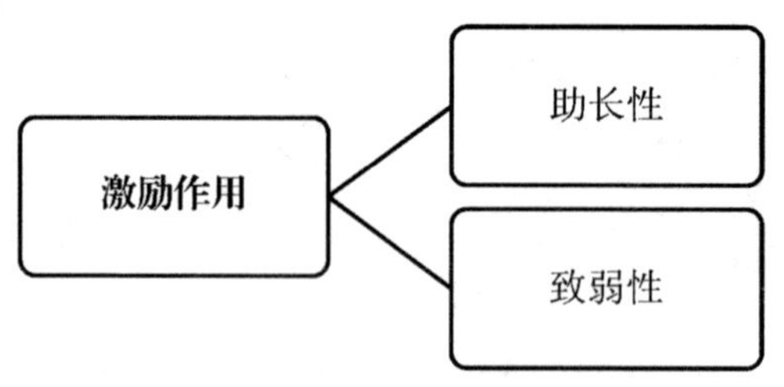

作为公司管理中的重要内容，激励机制也是影响公司未来可持续发展的关键因素。唯有良好的激励机制才能留住员工，增强员工的归属

感，从而促使员工全身心为公司服务，公司也因此快速发展、逐步壮大。如通用电气公司曾奖励首席执行官杰克·韦尔奇1.2亿美元的巨额退休金，“作为奖励公司首席执行官20多年所做的杰出贡献”，大大激励了公司的在职员工，促使他们更加积极努力地工作。如果公司缺少激励机制或者不重视激励，那么员工就会缺少努力工作的动力，产生消极心态。而如果有激励机制但却只做表面文章，仅停留在口头上却无实际行动的话也会招致员工的不满。

作为人力资源管理的核心内容，激励的作用是统一员工的价值观，以促使其高度认同公司，提高员工的工作效率与积极性，从而提高其工作绩效。

有效的激励机制应包括薪酬管理机制、绩效考核机制、沟通机制、授权机制等。

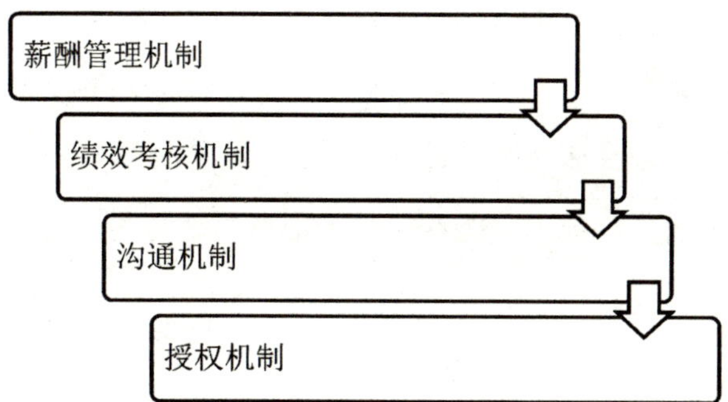

◎ 薪酬管理机制

合理的薪酬管理机制应遵循外部竞争性、内部公平性以及合理的人力资源成本三项原则。

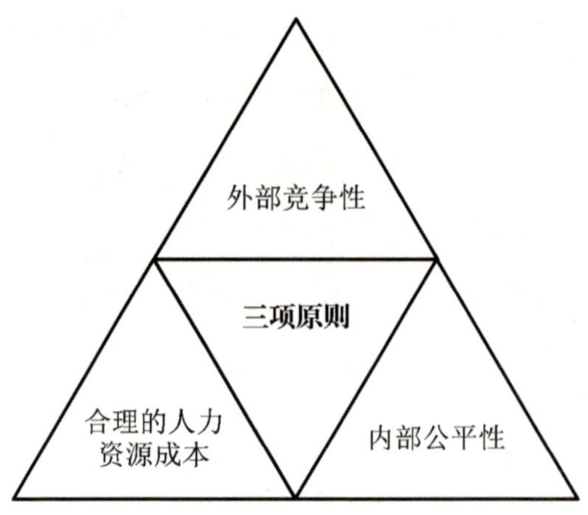

外部竞争性，指将所提供的薪酬与外部组织尤其是同行业竞争组织所提供的进行对比，如果薪酬比对方高，则表明己方薪酬具有外部竞争力；如果薪酬比对方低，则表明己方薪酬不具有外部竞争力，可适当提高薪酬，以保持组织薪酬水平的竞争力。

内部公平性，指薪酬与岗位的技能与素质要求挂钩，各岗位的薪酬应合理搭配，薪酬结构要合理，要做到尽量公平，避免不同的岗位间薪酬差距悬殊。否则会让在岗员工觉得不公平，从而影响其工作效率。

合理的人力资源成本，指在满足外部竞争性与内部公平性原则后，应尽可能合法地缩减企业的人力资源成本。

◎ 绩效考核机制

绩效考核是激励机制的重要组成部分，考核多是以公司的经营战略和年度业绩目标为参考，评价员工在某段时间内的工作业绩、能力和态度等，达到鼓励先进、鞭策后进的目的，将评价结果作为员工加薪、升职、培训等的依据。

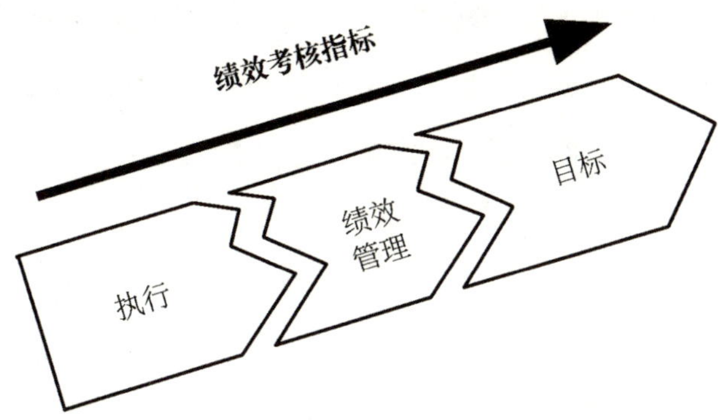

虽然薪酬机制对90后的影响不大，不过绩效考核还是会影响到90后对工作的积极性。如果公司没有绩效考核机制，90后的工作成果没有科学的、有效的评价工具，无论做得好还是差其所得都差不多，长此以往，会严重打击90后员工的工作积极性。90后崇尚竞争，渴望待遇与能力挂钩，如果没有对应的考核机制，其后果可想而知。

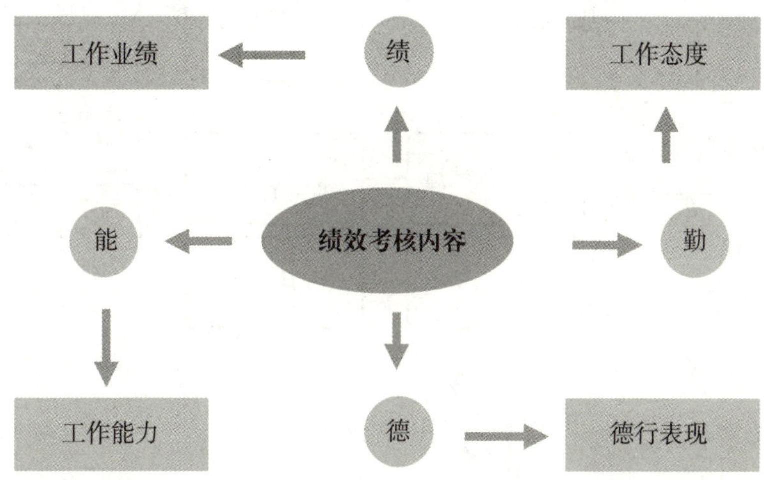

因此，管理90后首先要建立一个有效的、可操作性的工作评价制度，建立起科学的绩效考核制度，将绩效考核指标与岗位职责结合起来，与员工能力、态度等相对应，可以让90后员工明确哪些行为是公司

鼓励的、会受到奖励的，哪些行为是公司不允许的、会被处罚的，并且将考核指标细化，实现可量化。同时要做到部门目标与公司目标相结合，个人绩效目标与部门目标相结合，达到整体绩效的改善。

◎ 沟通机制

随着生产力发展、社会进步，人与人之间的关系更加紧密起来，工作也逐渐细分，越来越需要与其他人合作完成，企业越来越重视团队的建设。而让团队有效运转的关键就在于沟通。

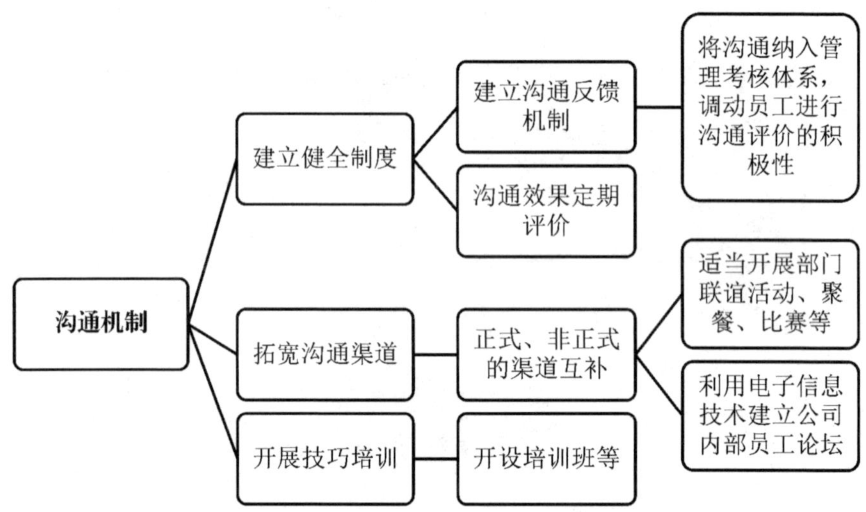

◎ 授权机制

权力是种资源，利用好可以发挥更大的作用，在设计岗位权力时应以能最大发挥岗位的作用为佳，即拥有最少的权力但却创造更多的价值。有什么样的职位，则应有与其对应的权力。授权机制是激励中的重要手段，尤其是决策权力的授予。

授权	•授权机制优化：按照权限明确、逐级授权、信任授权、适度授权的原则优化授权机制 •授权机制描述：根据目标要求，将员工所需的主要权限明确化，清晰各权限的范围
授权机制	•逐步建立计划与预算管理体系 •建立相应的审核机制 •建立授权结果反馈机制

如果管理者不懂得授权，将各项权力都集于自身，大事小事都要亲力亲为，这些事情占据了其大部分时间，必然导致缺少其思考公司经营战略的时间；而且还会挫伤员工的工作热情与积极性，尤其是90后员工会觉得在工作中处处受限，进而觉着憋屈，大大降低了工作的积极性。因此应建立有效的权力运行机制，划分清楚决策权力的范围，并根据实际工作环境进行适当授权。

总而言之，随着90后逐渐步入职场，管理者应根据他们的性格特征、需求等灵活制定激励机制，此举能大幅度提高90后的工作热情，发挥他们的优势，从而促使其在工作中作出更卓越的贡献。

对于90后的激励分析

90后已成为职场的新生力量，且在公司这一组织中发挥着越来越重要的作用。相比80后，90后崇尚个性自由，如何通过激励机制激发90后员工的工作热情就显得至关重要。

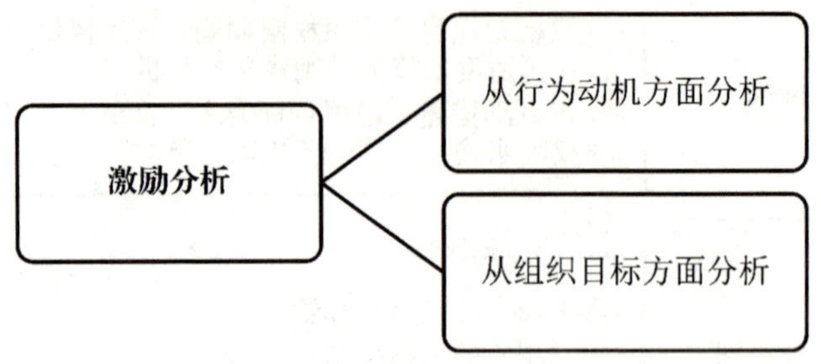

◎ 从行为动机方面分析

激励的核心是满足人的欲望与需求。马斯洛的需求层次理论将人的需求分为生理需求、安全需求、社会需求、尊重需求和自我实现需求五个层次。不同员工的需求是不一样的，而这也是激励的出发点。建立激励机制首先要明确90后员工的需求，从而有针对性地制定、完善、纠正激励机制。

管理者要明确90后员工当下的需求是什么，从其入职的那天起，就要想办法让他们待在能充分发挥才智的岗位上，还要建立富有个性的员工档案，根据他们的职业生涯规划为其制定相应的激励方案，以满足他们在不同时期的不同需求，进而提高他们对公司的认同感和归属感。

◎ 以组织目标方面分析

每一个公司在每个阶段都有相应的发展规划，为了实现这个目标，获得最大化的利益，就要保证员工能按时保质完成任务，而这就需要管理者满足他们的需求，设计一个与公司目标、员工需求相匹配的员工激励机制。此激励机制的建立，很考验管理者的管理能力。

要找准公司目标和90后员工需求的最佳契合点，需要管理者将岗位职责进行细分，将公司目标进行分解，让每位90后员工都明白自己当下的职责是什么，接下来要去做什么，以及做到什么程度，明白所对应的收获。让90后员工知道，如果想获得更好的收获就要付出什么样的努力。

不过由于90后员工较为特殊，传统的激励措施有些已经失效，需要根据这一群体的特征制定相应的激励机制，可考虑以下三点:

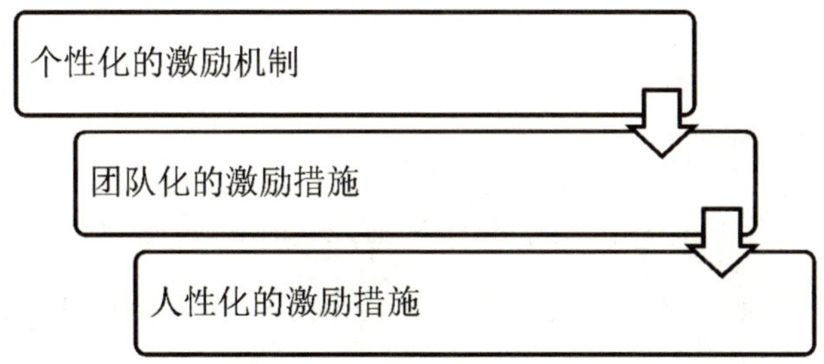

①个性化的激励机制

90后员工是充满个性的一代，而且个体间差异很大，要针对这一特点设定个性化激励机制，不要采用大一统的激励机制，才会让90后员工觉得自己被重视、被需要，再加上激励恰好能满足其需求，赢得他们的忠诚也就是自然而然的事情。否则采用同样的激励手段，会让90后员工觉得自己与其他员工并无区别，会觉得工作索然无味。

疲于工作，毫无乐趣，被动成为机器，这让正处于美好年华的90后员工是难以接受的。因此要制定个性化的激励措施，这是降低员工流失率，挽留精英员工的重要手段。

②团队化的激励措施

前面讲过90后生活条件优越，喜欢以自我为中心，因而他们个性张扬，这也造成了他们缺乏团队精神，有时很看重自我，经常无法按时完成任务，影响团队的效率。要改变这种状况，管理者如果只是对90后员工施压明显是行不通的，因此要学会团队激励。

90后不喜欢被束缚，过于独立，在工作中也易我行我素，不愿与其他成员协同合作，因此管理者要注意培养90后员工的团队意识，让他们在与其他成员的合作中完成任务、达成目标。学会与他人合作，是职场中员工应有的态度。虽然团队成员应加强合作，但并不代表不允许有不同的意见与分歧。管理者要认识到这一点，同时也要善于在分歧中找出最佳方案来，使团队合作更为协调。

③人性化的激励措施

90后员工标新立异，由于他们生活在优越的环境中，不会像父母那样过度看重物质，所以尽量不要用物质作为驱动力激励90后员工。他们更重视精神激励，更重视人与人间的那份感情。因此在管理90后员工时要更加人性化，注重培养与他们的感情，在满足他们物质需求的基础上，更加注重他们在情感方面的需求，然后帮助他们实现这些需求。

人性化的奖励措施会让90后员工归属感更强，会提高他们对公司的认可，继而更加认真地对待工作，更好地完成任务，朝着公司的既定目标前进。

激发90后员工的成就动机

当前无论在国内还是全球范围内，针对年轻群体的管理日益呈现游戏化趋势。有心理学家认为，玩的对立面并非是日常工作，而是内心的压抑，当压抑得到释怀时，年轻群体的工作效率就会大幅提升。

北京有家传媒公司，公司为员工提供宿舍，但是没有配备网络，这些新入职的90后员工很不满意，在他们的强烈要求下，公司给安装了无线网络。本来公司很担心这些员工沉溺于网络游戏而耽误工作，后来发现有了无线网络后，员工的工作效率反而提高了。

如果你去了解下互联网游戏，就会发现年轻人为了玩游戏，可以不吃饭不睡觉，像是打了鸡血一般。如果将这份热情用于工作上，无疑会取得很大的成就。而他们亢奋打游戏的背后是有生理依据的，打游戏时身体会分泌肾上腺激素，比平常更加易于处于兴奋状态，可将其视为内源性的刺激。

再具体分析一下，生理背后也有心理因素的影响，打游戏通常出于三种心理：我想赢，但实际上未赢；我不想孤单，希望与他人建立亲密关系；我要证明自己的实力。其实这三种心理在职场上也很常见。

第一种心理，“我想赢”。在其背后隐藏的是成就动机，被激发后，员工就不想认输，因而会积极努力去做。要多给予90后“想赢”的动机。如果他们在工作中没有表现的欲望，则表明工作对他们而言是很压抑的，是无法带来“想赢”的心理的。

第二种心理，期望与他人建立亲密关系。90后员工希望能获得其他人的认可，包括管理者的认可。比如有些90后员工好为人师，乐于分享自己的成就，期望引起其他人包括管理者的认可。如果无法与他人建立亲密关系，90后会觉得工作非常沉闷。

90后的分享欲望很强，如果公司能提供分享的机会、平台给他们，就可以释放他们的天性，又能让他们感觉得到了认可，因而会激发这些员工的工作活力。

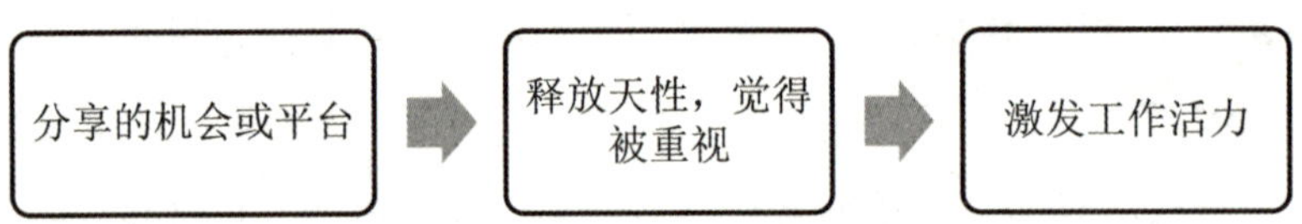

第三种心理，想要证明自己的实力。这种心理较为普遍，每位员工都希望通过工作证明自己的价值。

管理呈现游戏化趋势，已在不同的实践中得到体现。如有家做游戏的互联网公司，对90后员工的管理就像是玩游戏般，有任务、有积分，这样就可得知90后员工的表现怎么样。

游戏化管理非常重要，如现在很多90后员工在知识、技能上非常出色，但在人际社交方面存在很多不足。但他们自己并不这么认为，在入职时强调这一点，可能引起他们的反感，甚至厌恶。而如果采用游戏化管理，让他们在玩的过程中意识到情商、与人合作的重要性，这种管理效果就非常好。

如可以进行小规模的互动，询问员工对自己的看法，或者像是在QQ上的方法一样让员工给自己贴标签，也可以邀请其他同事、管理者等给员工贴标签，看看这些标签与员工自己贴的标签有何不同，他们就可以明白自我评价与他人评价的差别竟是如此悬殊。这种互动方式较易为他们所接受。

这是个极为有效的管理方式，90后员工在以往多半都有玩游戏的经历，而且每个游戏都有其规则，但在规则的背后可拓展的空间非常大。因而造成了90后的目标感很强，且同时更喜欢自由度较大的工作。

如果规定某项任务的具体工作方式，则会毫无趣味。但如果工作有很大的拓展空间，就会很有意思，可以激励员工更积极努力地工作。如果只有员工自己做，无人分享，则比较枯燥，90后员工希望边工作边分享。如果管理者能了解这一情况，就能很好地调动90后的积极性。

90后已成为公司里不可忽视的力量，也是创业型公司的主力军，除了上述激发90后员工的成就动机外，管理者还应注意以下几方面的问题：

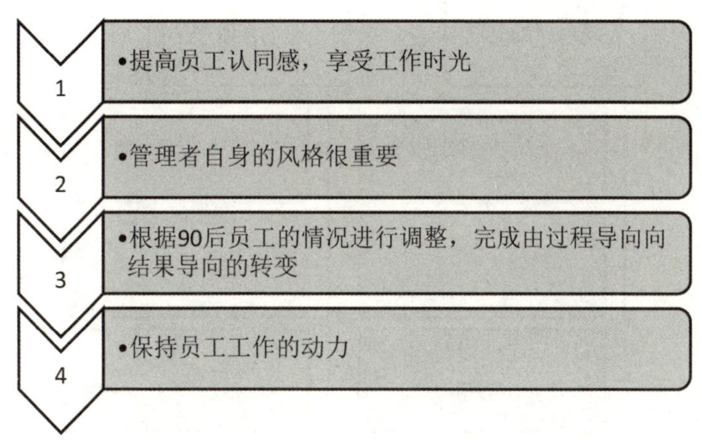

◎ 打造家文化

在公司内部营造一种家文化的感觉。公司日常所使用到的东西，大到机器设备、投影仪，小到键盘贴纸、印刷纸等，都带有公司的商标，且由公司统一安排提供，提高员工的认同感。如果有员工加班，那么加班的一切费用都由公司承担，如外卖、饮料等，让员工如同在家一样享受在公司的时光。

◎ 做一个有魅力的管理者

90后生活条件优越，因而心理上没经过太多磨练，较易受到周围环境的影响，导致其具有两个较为明显的心理特征，即羡慕和嫉妒。等级森严的制度有利于让员工有努力向上的渴望，不过作为崇尚自由主义的90后员工，又很喜欢扁平化管理。企业减少行政管理层次，减少冗余人员，从而建立起较为干练、精简的扁平化组织结构。

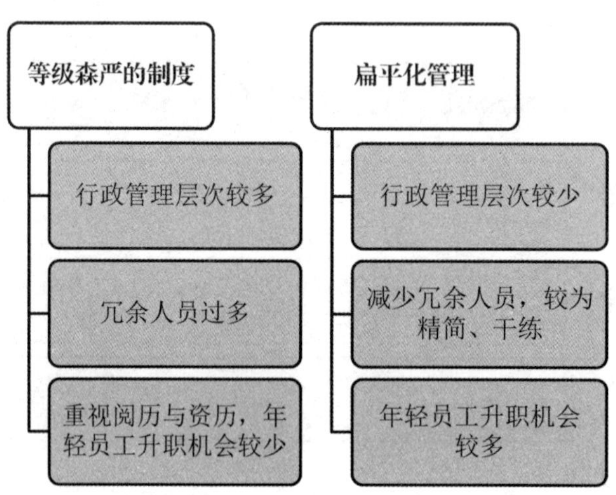

以高高在上的姿态管理90后，通常会引起他们的逆反心理。管理者自身的魅力对90后员工也是种激励，跟着偶像工作，他们会觉得很骄傲，因而对公司较为认同。管理者的魅力很重要，通常管理者自身风格怎么样，就会将相似风格的人吸引进来。而跟管理者具有同样风格的90后员工，工作起来也会觉得顺心舒适。

◎ 调整考核系数

总体来看，似乎90后员工自由散漫、缺乏上进心、缺乏团队精神已成为一种通病。对80后员工很有效的KPI考核，可能并不适合90后员工，因此要根据90后员工的情况调整考核系数，完成由过程导向向结果导向的转变。

管理者应帮助90后员工制定职业生涯发展规划，包括几个月的，也包括长达数年的，更可进一步细化，如在能力、财富等方面设定具体的指标，让90后员工更认可公司，也朝着目标满怀激情地去工作。

◎ 适度竞争

适度的竞争是对员工最直接的激励，每两个月为一个周期，员工、总监和高级副总裁分别给员工打分，所有分数加权出的最后一名将被惩罚。该措施可以让团队保持适度的竞争氛围，逼着员工想尽一切办法快速进步，对公司有所贡献，有利于推动初创公司的发展。

多管齐下，激励90后

“工欲善其事，必先利其器”。管理者要想运用好激励这一手段，则首先要掌握激励方式，然后再灵活运用，使之发挥效用。

在多年的摸索中，人们逐渐总结出了很多行之有效的激励方式，其中常用的激励方式有：

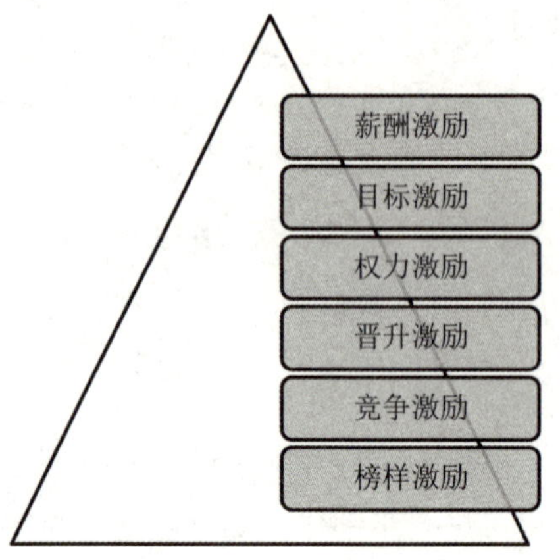

◎ 薪酬激励

薪酬包括工资、奖金、保险等，是企业给予员工劳动的回报。从广义上来说，薪酬包括基本薪酬、奖励薪酬、附加薪酬和福利。

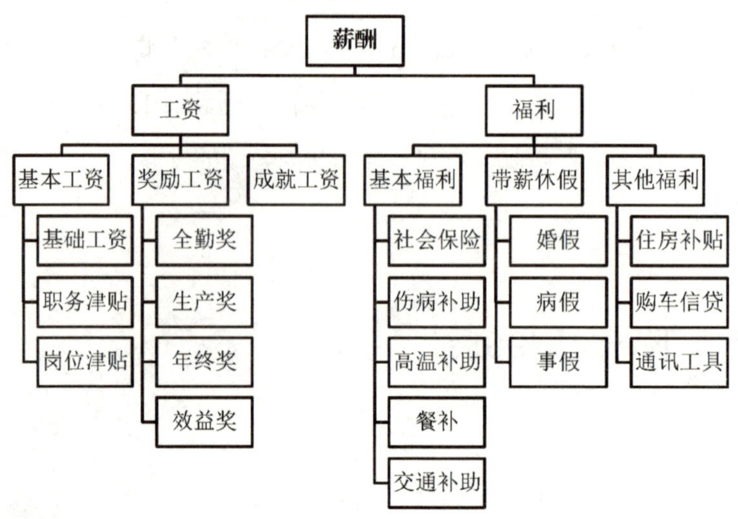

薪酬是企业给予员工的一种回报，是企业对员工能力的一种认可，是实现个人价值的体现之一，拿到薪酬就会获得一种满足感，薪酬成为员工能力和工作绩效大小的衡量标准。而对员工来说，有了薪酬，才能用来购买生活必需品，满足生存需要，才会让自己有安全感，才有动力在岗位上安心工作。否则员工就会考虑其他薪酬较高的工作。

因此，薪酬也能够影响到员工的积极性和创造力，当薪酬符合员工心理预期时，他会自动自发地工作，想方设法快速完成任务，提高岗位绩效。由于表现优越，他会升职，然后获得更高的薪酬，体会到价值实现的满足感和喜悦感，从而更加认真地去完成工作。因此，企业在设计薪酬时，应体现出其激励作用，比如设计绩效工资占据整个薪酬的20%等。

◎ 目标激励

企业可以采用设置目标的方式来增加员工的动力，引导他们的行为，促使他们将个人目标和企业目标结合起来，激发他们的积极性、主动性，从而达到提高他们的工作效率和工作质量，及早地完成工作的效果。

当企业的整体目标确立后，管理者需要将企业目标进行拆解，落实到各部门、各员工的具体目标，将员工的个人目标和企业目标挂钩。

在使用这种方式进行激励时，应注意以下事项：

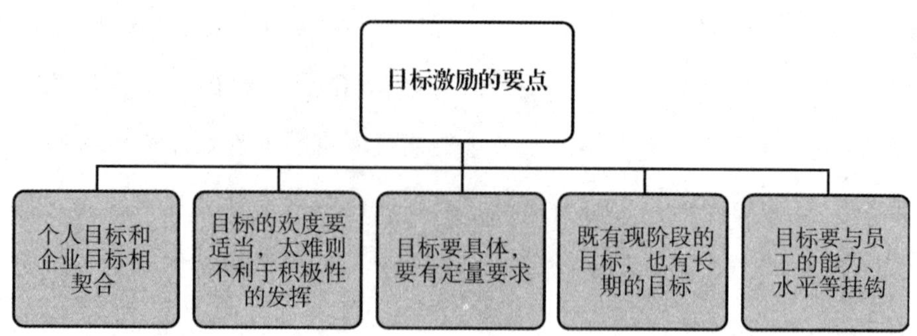

◎ 权力激励

权力激励是指管理者授权给员工，激发员工潜力，提高其工作效率的激励方式。

在企业中，员工得到授权后，会深感肩负的责任重大，会因获得权力而萌发出自豪感和责任感，从而更加努力地工作，以更大的热情投入到工作中。

◎ 晋升激励

晋升激励是指管理者将员工从低职位提升到高职位，赋予员工高职位的权、责、利的一种激励方式。晋升制度有利于帮助企业选拔人才，也能用来激发员工的积极性，让员工有愿景可以展望，因而更加努力工作。

设置晋升制度，就像是将高职位摆在员工面前，告诉员工达到什么条件就可以晋升，激发员工努力去工作，激发员工的潜力，达到激励的目标。

一般来说，晋升制度应包括以下三个部分：

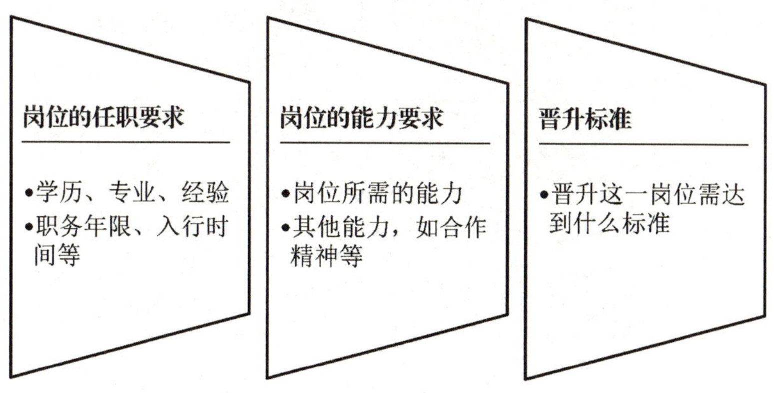

晋升制度的设置应该是双向的，也就是说有向上晋升的，也有向下流动的，对符合条件的可以晋升，对无法达到岗位要求的职责或者绩效的则适当向下降级流动。

◎ 竞争激励

人都有一种争强好胜的心理，竞争激励就是利用这种心理达到激励作用的方式，属于行为激励法。

管理者在企业内部建立竞争机制，让员工进行良性竞争，能更好地激发员工的积极性和争先创优意识，提高企业的活力。不过内部竞争会导致员工、团队、部门之间等产生摩擦和冲突，导致员工压力增大，从而压抑员工的想象力和创造力，使效率下降等，因此竞争激励应谨慎使用。

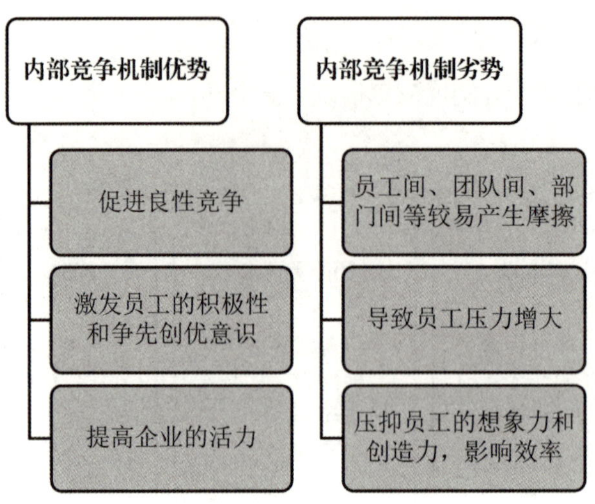

◎ 榜样激励

管理者可以在员工中间树立一个榜样，通常是对于做出优秀成就、在实现目标中做法较为先进的个人或者集体，对其进行表扬和给予较高的待遇，号召员工学习，以达到激发员工的目的。

采用这种激励方法，首先就要树立榜样，然后要广为宣传榜样的先进事迹或者突出成就，并给予榜样较高的评价和丰厚的报酬，让其他员工羡慕，增加员工学习的动力，达到激励效果。

授权也是一种激励

管理，指通过调动他人，促成合作完成任务的一种艺术，因此身为管理者不应事必躬亲。一个高明的管理者应懂得分配权力，将那些不必自己亲自去做的事情进行分权，实现“无为而治”。

不懂授权和不愿授权的管理者，对事情亲力亲为，将会积聚越来越多的工作，而由于个人时间、精力都是有限的，管理者不可能将事情全部包揽过来，到后来还是要将工作分配一些给别人。此时接手工作的员工，积极性和自主性都会受到打击。

而合理授权，则有利于调动员工的积极性和主动性，激发员工的创造力，培养员工的才能；另外还能让管理者腾出时间去思考一些重要的问题，如发展战略、下一步的计划等，而不是将时间浪费在琐事上。

因此，作为管理者理应重视授权，掌握授权的技巧和方法，了解授权的注意事项，在实践中认真摸索、掌握和运用授权。

减轻负担	•能够减轻管理者的工作负担，避免被琐事缠身 •便于管理者集中精力去处理大事情，解决大问题
信任体现	•事事亲力亲为的管理者，会让员工有压力，会觉得不受重视 •授权表现出管理者相信员工的能力，这对员工是种鼓舞也是种信任
调动积极性	•授权是激励模式的一种，有利于调动员工的积极性，激发员工的创造力 •有些员工能在授权中快速成长，成为管理者的好助手
发现人才	•授权可以帮助管理者发现人才 •帮助管理者锻炼人才、培养人才
团队建设	•有利于管理者和员工进行沟通和合作 •有利于发挥每个人的专长，有利于团队建设
避免专权	•授权是避免管理者专权的一大技巧，可以降低决策失误风险 •有利于集思广益

虽然授权有很多好处，但并不意味着管理者可以滥用授权。在企业中，有些事情是可以授权的，有些事情则是不可以授权的，否则就会导

致企业秘密被泄露，不利于管理者威严的塑造等。那么在企业中有哪些事情是可以授权的，有哪些是不可以授权的呢？

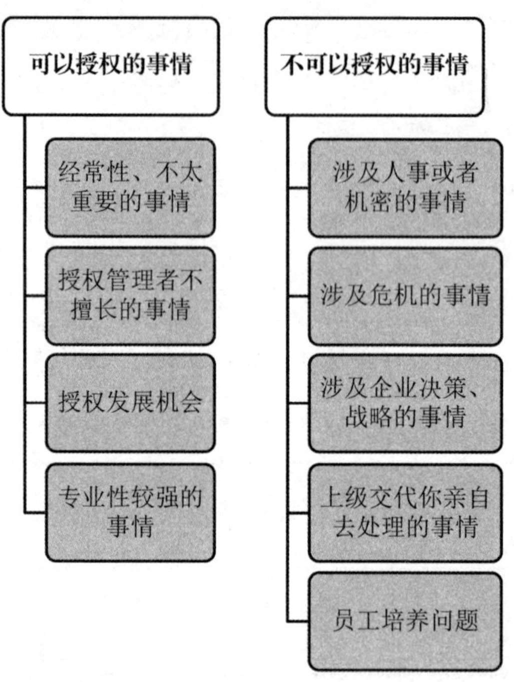

涉及危机的事情，最好不要授权员工去处理。面临危机，正是体现管理者管理水平的时候，应亲自坐阵，制定解决危机的方案和应对措施，这样有利于安稳人心，有利于树立管理者形象。危机时就授权员工去处理，会让员工怀疑管理者的能力，不利于管理者今后工作的开展。

行事有章法，授权应谨慎

权力分配是一项涉及到用权、用人的艺术，是管理者进行授权的基础。权力分配的方法是多种多样的，所以授权也是多种多样的，既可以单一授权，又可以多层次授权；既可以以任务授权，又可以以时间授权；既能有条件授权，又能以目标授权等。因此造成授权问题的复杂性和多样性，一旦有所失误，授权就无法起到应有的作用。

尽管管理者可以灵活地运用授权，巧妙变化，但要想起到授权的积极效果，有些原则是不能变的。那么在授权时应坚持哪些原则呢?

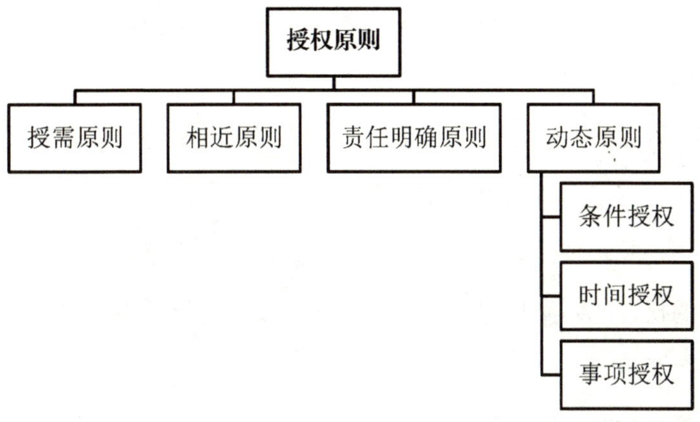

授需原则，即在授权时应将员工完成工作时所需的重要权力授予对方，以便于对方按时完成任务。

相近原则，即授权时要直接授权给员工，而不要越级或者多层授权。另外，根据任务来进行授权，不同任务环节，应先授权给最接近任务的员工，方便员工处理任务上的事情。

责任明确原则，即授权时要明确责任，让员工明白自己所承担的责任有哪些，以及权限有哪些，避免出现越权行为。

动态原则，指由于任务环境、完成方式、地点等不同，应坚持灵活度较高的动态原则，贴合实际状况，便于更好地完成任务。

一般来说，动态原则常见的授权方式有以下几种：

条件授权，只有在满足某些条件时，员工才能获得授权，当条件变化了，授权也应随之变化。如任务完成时间接近，管理者又有其他要事要处理，这时满足事先约定的条件授权，员工可替代管理者完成此任务，以免耽误任务完成；

时间授权，即在某个时间段内，员工拥有一些权力，但过了这段时间后，该权力则被收回；

事项授权，即授权员工解决某件事项或者某个问题的权力，等事情或问题解决后，即收回该权力。

作为管理者，既不能大权全揽，又不能大权旁落，因此授权的度就成了管理者应掌握的问题。要想掌握授权的度，管理者除了要坚守上述原则外，还应做到分散与集中。分散是指管理者要分散权力，确保员工所获得的权力能够满足完成任务的需要，集中是指要能确保自己从整体上进行把握。

随着社会的发展，管理者所面临的情况也逐渐复杂，很多情况下需要领导者灵活运用授权，才能更好地完成任务、解决问题。另外，管理者在授权时还应注意以下问题：

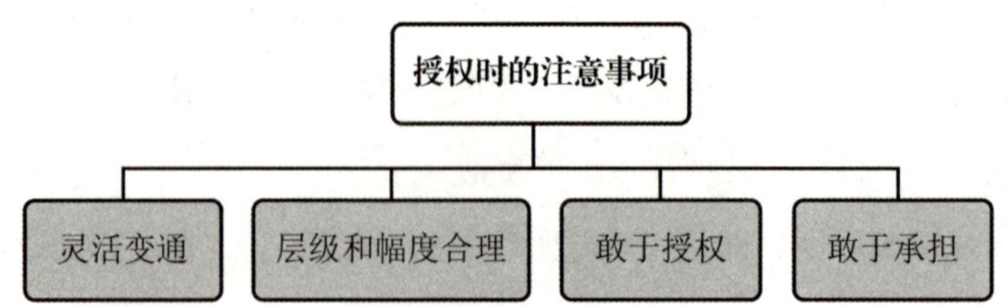

◎ 灵活变通

授权要根据实际情况来做调整，灵活运用，合理变通。《孙子兵法·虚实篇》说："兵无常势，水无常形。能因敌变化而取胜者，谓之神。"用兵打仗没有一成不变的打法，水没有一成不变的形状，能够因为敌情变化而灵活采取措施获胜的人，就能称为用兵如神。授权也是如此，不要拘泥，不要困守于固定的形式，要在遵守原则的基础上灵活变通，创新性地运用授权。

◎ 层级和幅度合理

通常，层级和幅度存在着反比例关系。也就是说，层级越少，则信息越易于传播且失真度较低，也就易于管理；层级越多，则信息传播过程中失真度也就越高，给管理带来难度。

不过，有时因为幅度太大而层级太少也不利于管理，尤其是面临突发事情时，员工没有得到授权，就无法果断进行处置。因此对管理者来说，应当提升有效管理幅度，还要设置合理的层次和幅度。

◎ 敢于授权

有些管理者在授权时总会考虑再三，优柔寡断，一方面担忧员工没有相应的能力，另一方面又担忧授权会带来不好的结果。但作为管理者要勇于授权，应该当断则断，不然只会反受其乱。

◎ 敢于承担

授权并非是简单地将权力下放即可，而是要清楚授权所带来的影响和结果，并勇于承担这些责任。

能否发现合适的人才并授予其一定的权力，是管理者管理工作的重中之重，是企业运作能否成功的重要因素。将权力授予合适的人才，使之能履行职责，顺利完成任务。反之，若过度授权于人才，造成权力滥用，或者不授权于人才，使人才在完成任务过程中束手束脚，严重影响到其积极性和创造性，都会给管理者的管理工作带来不利影响。

以上这些都是管理者在授权时的注意事项，既要坚守原则，又要注意细节，使授权为提升管理效果提供助力。

让90后心服的团队绩效考核法

在现代企业运作中，团队的作用越来越重要。

什么是团队？是不是将一群人聚集在一起工作，就能称之为团队？

在我们的潜意识中都认为人多力量大，团结就是力量。然而以少胜多的案例从不缺乏。因此一个低效的团队即使人数再多，也无法战胜一个人数不多的高效团队。

那么，怎样才知道这个团队是不是高效团队呢？如何将低效团队打造成高效团队呢？答案就是团队绩效考核。

团队是通过成员的共同努力、共同工作，最终获得实在的集体成果。这种成果大于成员个人业绩的总和。它可以调动团队中所有的资源和才智，并将之转化为价值，这也是团队的意义。一个好的团队能够让企业在竞争中保持不败地位。

高效团队都有一个特点，即建立明确的、以结果为导向的目标，但具体如何进行团队绩效考核则存在很多难题。一方面团队类型复杂，不同的团队其所需的考核方式也不同；另一方面则是团队和团队成员间的问题，团队整体业绩是很好考核的，但具体到成员个人却非常不易。

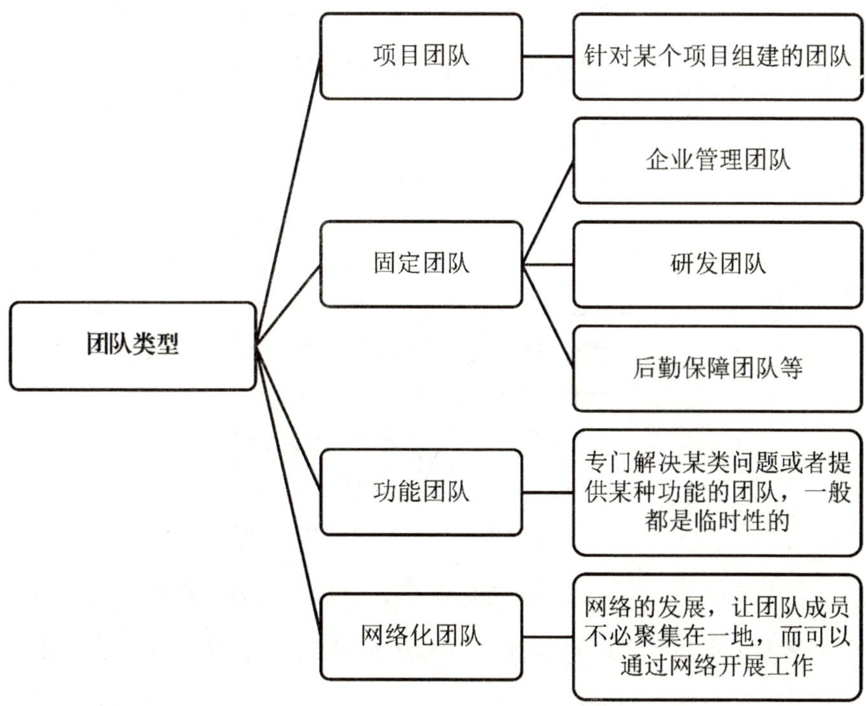

团队类型的多样化给团队绩效考核带来了难度，比如网络化团队，用普通的绩效模式很难获得公正的考核结果。功能团队就不能用固定团队的考核方法来考核。

尽管各类型的团队考核重点不同的，但它们之间也有共通点。在多年的研究中，人们发现团队绩效考核可以遵循以下流程：

◎ 确定团队和成员的测评维度

这是团队绩效考核的难点和关键点，唯有确定测评维度，才能划分团队业绩和成员个人业绩所占的权重比例，才能将关键点进行分解，细化为具体的考核指标，对照进行考核，得出考核结果。

企业经常用下面四种方法来确定测评维度：

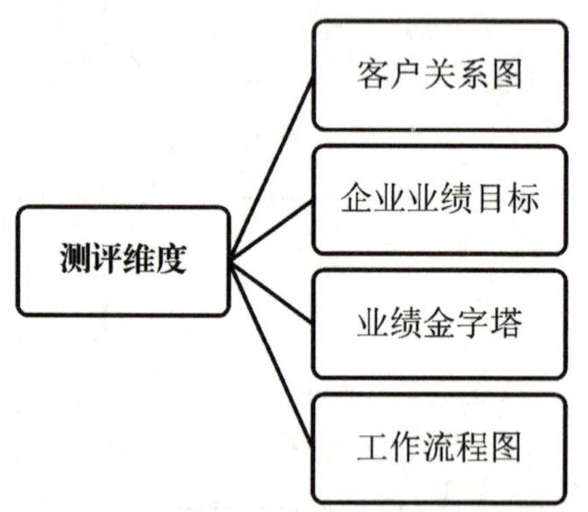

客户关系图，指团队所服务的客户，以及能为客户做些什么。通过这种图表，能看出客户的类型、客户所需的产品，以及团队对此需要完成的工作。尤其是为了满足客户需求而存在的团队，这种关系图将是其测评维度的关键点。

企业业绩目标，将团队的业绩跟企业整体业绩目标进行对比，评估团队对企业的贡献，知道团队何时需要采用什么方式才能完成企业目标。

业绩金字塔，特点是业绩层次分明。此种方法需要明确企业的宗旨，企业要创造什么样的业绩，在这个过程中有哪些是需要团队负责的。因此可用于考核团队的工作成果。

工作流程图，将任务进行分解、细化，展示其流程，制定时间步骤，与团队实际完成时间进行对比，即可知道团队的绩效如何。如团队向客户提供产品，要经过研发、建模、试用、提供产品等多个流程，可随时通过流程图查看团队工作到哪一个流程了。

◎ 权重比例的划分

接下来就是划分团队业绩、个人业绩所占有的权重比例。在这个测评维度中，团队发挥了多大的作用，权重比例是多少；团队成员有什么贡献，其在团队作用中所占据的权重比例是多少。

◎ 分解关键要素

将关键要素进行分解、细化，成为一个个单独的考核标准。然后再转化为具体的指标，并对指标划分考核层次，如“优秀”“良好”“合格”“不合格”等。

◎ 指标考核

接下来就可以按照指标对照进行考核，即可得知团队绩效考核结果和团队成员的考核结果。

第 9 章　描绘蓝图——90 后员工的职业生涯规划

企业发展离不开美好的愿景与蓝图。管理者应该是筑梦大师，要向90后员工描绘企业蓝图，激发员工的潜力与工作热情，让员工将自身的职业生涯与企业蓝图结合起来，在实现个人成长的同时又促进了企业的发展。同时，管理者要帮助员工制定职业生涯规划，让90后员工尽早摆脱迷茫状态，以积极的心态面对工作。

90后与职业生涯规划

在社会未迈入工业化时代前，职业种类很少，工作内容也相对简单、技术含量低，常常是“子承父业”。父母的职业通常会传授给子女，或者学徒跟师傅学习，学好后就可以出师了，因此并不会产生择业的各种问题。产业革命后，工业科技发展迅速，机器、技术日益更新，生产力得到极大的提升，生产过程也变得复杂，产品种类、生产量等大幅提高，行业种类增多，职业也变得复杂多样，更趋于专业化、细分化。

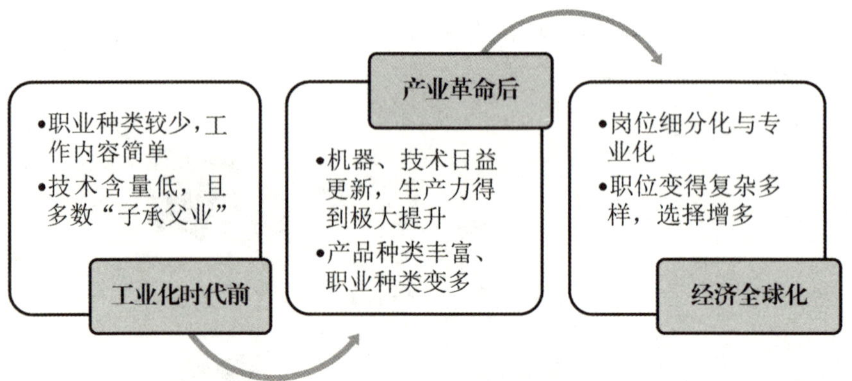

职业种类越来越可观，职业内涵也日益复杂化，90后员工很难洞悉职业的全部分类，其父母、亲友也可能缺乏职业生涯规划知识，难以帮助子女选择合适的职业。所以辅导90后员工择业的重任，有时还需要管理者承担。职业生涯规划关乎其事业失败，乃至其一生的幸福。择业合适，不仅对个人发展极为有利，对社会也极为有利，可以平衡社会的人力供需。

职业生涯规划是对职业生涯甚至人生进行持续的系统的规划，通常由职业定位、目标设定与通道设计三个要素组成。

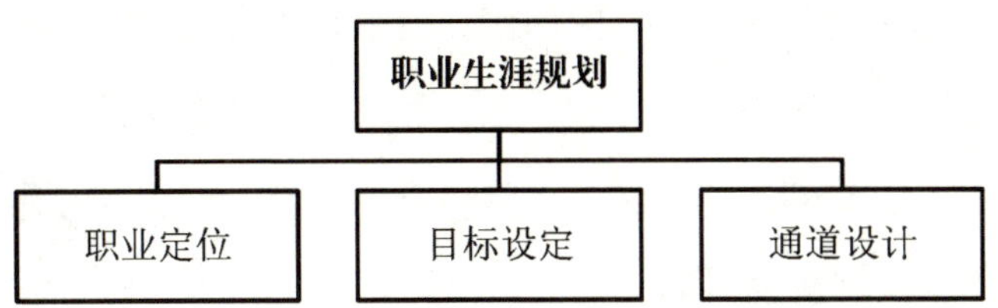

职业定位指根据自身的条件，主客观条件都要衡量，包括特长、优势、兴趣、能力、特点等，定位在一个能发挥自身所长的位置上，选择与自身能力相匹配的事业。可以说职业定位是职场生涯成败的关键一步，也是职业生涯规划的起点。在定位时还要结合职业倾向、时代特点，找到最适合自己的职业定位。

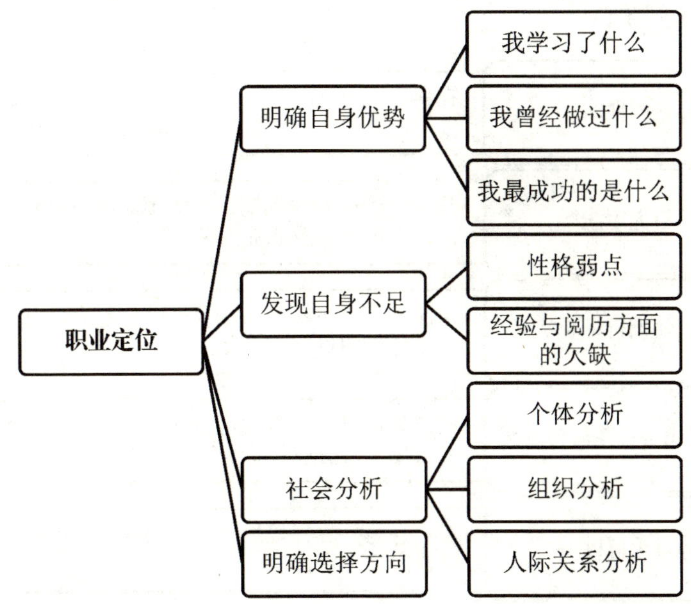

对多数人而言，职业都是生活中的重要内容，职业不同于家庭，在我们出生后会成为固有的社会结构，同时也不像货架上的商品，能够

随意挑选。目前就业形势很严峻，90后应对自身的职业生涯发展有所规划，加强对自身的了解，找出所感兴趣的领域，确定自己能干的工作。当然更重要的是自我人生目标的明确，也就是为自己的人生定位。自我定位、规划人生，明确自己能做什么，社会提供了哪些机会给我们，我们选择做什么，我们如何去做等，将自身的梦想、理想等可操作化，为顺利适应社会工作提供方向。

在充分认识自我、对社会环境了解后，评估职业生涯机会，对职业发展方向做出抉择，即为职业生涯的目标设定。该设定是将能力、性格、兴趣、环境最大化后做出的。很多90后员工的职场目标不明，也不知道以后要干什么，因此管理者应帮助员工以其自身的情况为基础设定目标，将员工个人目标与公司目标有机结合起来。在设定时要注意避免以下几个问题：

超脱现实	•在制定目标时，不从实际情况出发，不接“地气”，或者用超脱现实的思想去看待职业生涯
目光短浅	•只考虑到现实与近期，未能预测到自己将来的成长与进步，以及职业发展
长、短期目标脱节	•未能将短期目标与长期目标结合起来，甚至短期目标与长期目标南辕北辙
没有考虑可行性与预测性	•设定目标时没有考虑可行性，同时也没有根据发展状况、自身成长状况对往后的情况进行预测
过于盲目	•对自身与外界环境缺乏清晰的认知，因而导致目标设定过于盲目

因此在进行职业生涯目标设定时，可考虑从以下几个方面去解决：

①目标要符合社会与组织的需要，要根据市场需求与公司的需求来

设定自身的职业生涯发展目标。当然，在这个过程中，要及时根据市场环境变化及公司需求的变化调整目标。

②目标要以自身情况为基础，建立在自身优势上，同时目标不能过于离谱，要接“地气”，也就是通过努力可达成。

③目标要具有挑战性，即目标是要高于现状，但又不能太高于现状。唯有如此，才能不断地激励员工前进，不断地提高自己。如果目标制定得过高则显得有些好高骛远。

④将短期目标与长期目标结合起来，长期目标指出了职场生涯发展的方向，而短期目标则是实现长期目标的保证。

⑤目标幅度不要过于宽泛，要尽量选择狭窄一些的领域，然后将大目标拆解成数个小目标，并用心用力去实现小目标，最后达成大目标。

⑥目标明确，在某一时期内目标不能过多，同时目标越简明具体、有详细步骤，就越容易实现，这对员工的个人发展是极为有利的。

职业生涯的发展通道指公司内部为员工设计的自我认知、成长和晋升的管理方案，通常具有下面四种模式：

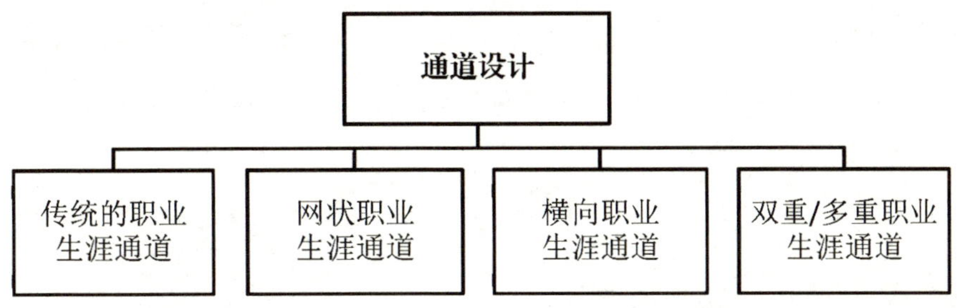

◎ 传统的职业生涯通道

这是指公司由一个特定的职位到下一个职位纵向向上发展的路径，

是根据公司传统的内部员工发展道路而制定的发展模式。如传统的销售部门有销售助理、销售代表、销售经理、销售总监四个级别，新员工入职后，可以由低到高渐次晋升，很少出现短时间内职位大幅提升的。

◎ 网状职业生涯通道

这是指一种建立在对各个工作岗位上的行为需求分析基础上的职业发展通道设计，它是以当下岗位所获得技能在其他岗位也可适用为依据，要求公司第一步进行工作分析，确定各个岗位对员工素质和技能的要求，然后将同等要求的工作岗位归纳为一类，进而设计职业生涯，包括职位序列、横向发展机会、核心发展方向等，交错编织如同网状。

◎ 横向职业生涯通道

公司等组织呈现扁平化趋势，且不断加强，导致组织内部无法提供更多高层职位给员工。也即不是每位员工都有升迁机会，而是基于锻炼技能或者员工兴趣变化等情况。当员工在同一岗位工作时间过长时，难免会觉得枯燥乏味，公司可采用横向调动使工作呈现多样化，焕发员工活力。

◎ 双重/多重职业生涯通道

这种通道设计常见于西方发达国家，多用于激励和挽留专业技术人员，比如员工在某领域内具有专业技能，不过并不适合以正常的升迁程序调到管理部门，那么就可通过这种通道设计予以解决，挽留人才。

共同愿景的四个作用

描绘蓝图，可将个人愿景与团队愿景、企业愿景结合起来，发挥员工的主观能动性，激发其对工作、对事业的追求，使员工可以为了实现愿景而不断地努力奋斗。愿景对企业发展至关重要。归纳起来，愿景通常具有以下几方面的作用：

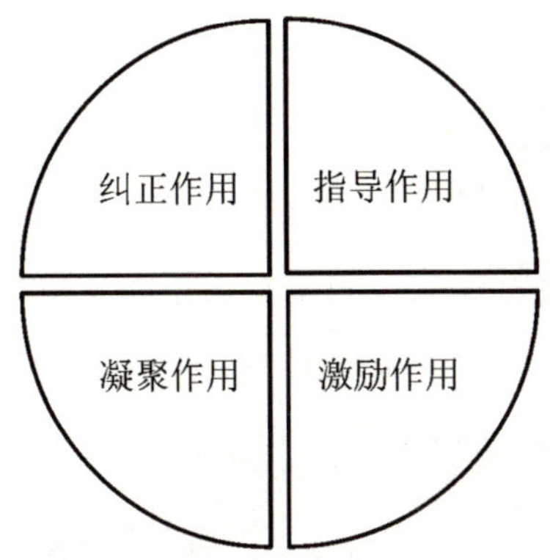

◎ 指导作用

共同愿景可作为指导企业各项活动的依据，促使各项活动朝着共同的目标前进，可提高执行力，将无效的执行降到最低，也能提高员工个人业绩和团队的业绩。

◎ 激励作用

当企业在发展过程中遇到困难或挫折时，共同愿景可产生强大的驱动力。当员工明白个人成长与企业成长是挂钩的，就会对企业有信心、认同企业，就会愿意努力去工作，面对困境时也会积极想办法解决，因此愿景具有激励员工发挥潜能的重要作用。

◎ 凝聚作用

企业愿景可吸引到那些具有相同价值观的员工，当然也具有排斥作用，排斥那些与企业愿景不同的员工，这对增强企业的凝聚力很有帮助。

◎ 纠正作用

愿景作为一个参照标准，明确指出了企业的发展方向，同时可以帮助企业预测未来可能出现的困境，从而及早做出谋划，未雨绸缪。另外，也可以纠正企业的发展方向，以免产生偏差，具有纠正作用。

愿景的重要性可以从“萧何月下追韩信”的故事中得以验证，此故事具体情节如下：

刘邦领军到南郑，拜萧何为丞相，曹参、樊哙、周勃等为将军，准备在此地养精蓄锐、积蓄实力，然后再与项羽竞争。然而手下士兵离乡已久很思念家乡，因而每天都有士兵按耐不住思乡之苦而逃走。刘邦为此苦恼不已，但却无计可施。某天，有士兵前来报告：“丞相逃走了。”

刘邦一听急了，萧何是自己的左膀右臂，位高权重，自己极为倚重，如果他也逃跑了，那后果不堪设想。不过第二天早晨，萧何就返回来了。刘邦见到萧何之后，既高兴又生气，责问他说：“你昨夜为何逃跑了？今天又为何返回呢？”

萧何很诧异地说：“我怎么会逃走呢？我追韩信去了。”

韩信是淮阴人，项梁起兵后，有天路过淮阴，韩信投奔了他。但在楚营中韩信只是个小兵，未得到重用。他曾多次向项羽献策，但项羽因兵强马壮而不在意什么计策，因此拒绝采纳。韩信很失望，于是转而投奔刘邦。然而投靠了刘邦，韩信的处境并没有好转，他再次感到寒心，因而选择了逃跑。

好在萧何识才，认准韩信是不可多得的将才，后来在萧何的力荐下，刘邦终于重视韩信，拜其为大将军。后来，在韩信的帮助下，刘邦最终击败了兵强马壮的项羽，赢得天下，成就了霸业。

因为个人才能没有得到重视，韩信选择了逃亡，即使他清楚从刘邦这里逃走后，再也难以找到能施展其才能的地方，但他仍选择了逃走。当聪明才智无法施展时，难免会让人有失望感。当企业制度陈腐，无法让员工施展才能时，员工就会感到无望，进而选择离职。

身为管理者，你应该经常自问：“我是否能识才？是否给予了员工展现才能的机会？是否让员工感觉被重视？是否给予了员工希望？”如果经常反省，管理者就会意识到自身管理的局限性，就会越多考虑到员工，从而增强管理能力，影响力也会与日俱增。

不想当将军的士兵一定不是好士兵。90后员工身处职场，也渴望得到重视与赏识，渴望得到晋升机会，越有才能的人越在意事业的成就感。如果员工很有能力，但却感觉不到前进的方向，那么他迟早会选择辞职。

行为科学家赫茨伯格认为，工资、工作条件、工作环境等因素都是“保健因素”，激励作用微弱，而企业愿景、工作成就、自我实现等因素才是真正的激励因素。而在这其中，企业愿景是非常重要的激励手段，是激发90后员工潜能的重要钥匙。

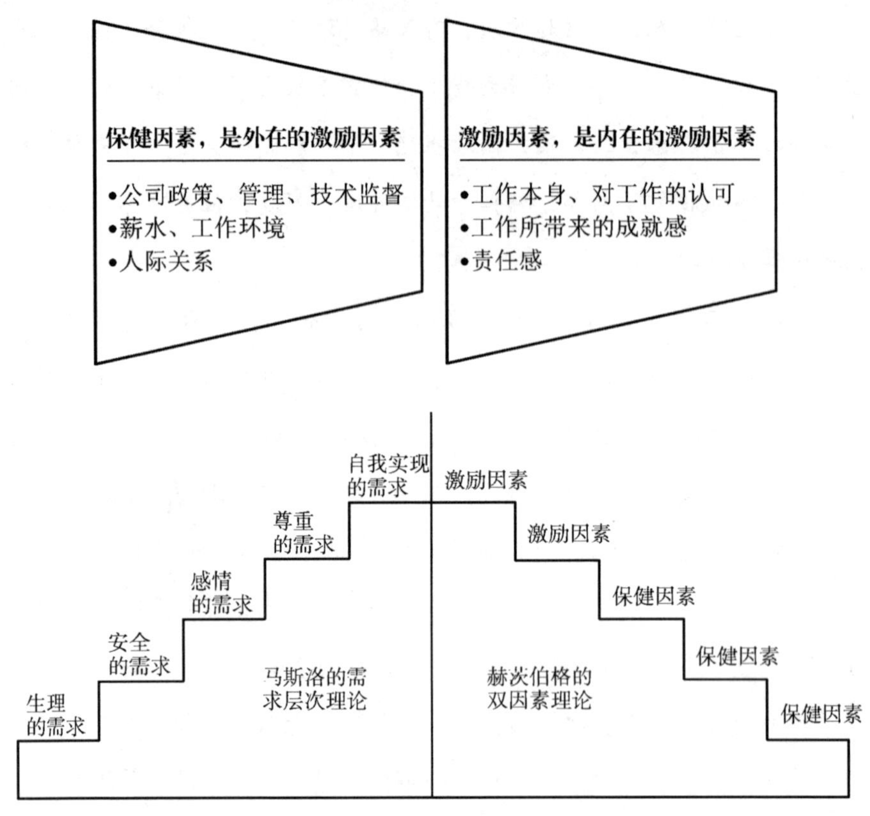

马斯洛模式和赫茨伯格模式比较图

管理者有责任与义务与员工分享企业的愿景，描绘蓝图，帮助员工对企业愿景有更深刻的认知，争取获得员工的支持与认同。将员工愿景与企业愿景结合起来，才能发挥愿景的作用，激励员工与企业共同进步。

当然，不可能做到100%的员工都认同企业的愿景，但只要大多数员工认同企业愿景就可以了。对于那些不认同企业愿景的人，可通过不断的分享，影响他们的观念。

与90后员工一起绘制蓝图

90后员工生性自由，在公司中他们如果觉得缺乏前景，或者不明确职业发展方向，那么就很容易厌倦岗位，尤其在同一岗位上工作很久，更是极易挫伤他们的工作积极性。而如果公司懂得描绘蓝图，蓝图就像是灯塔，指引员工前进的方向，还能为公司提供前进的精神动力。

在鼓舞90后员工努力工作前，不妨先设定一个明确的目标，为90后员工量身定制目标，维持其工作热情与积极性，充分发挥其潜力。

描绘蓝图也可以说制定共同愿景，指员工们共同愿望的景象建立后，则能发出较强的感召力，能够汇聚众人力量于一体，也能让各个活动有着共同的目标。毫无疑问，共同愿景对公司发展很重要。作为当下管理的重要内容，共同愿景能够让员工充分发挥自身的潜力，形成强大的合力，同时影响着公司的经营策略、发展方向、产品技术、薪酬体系等。

在20世纪50年代初，索尼的愿景是“成为全世界最知名的企业，改变日本产品在世界上的恶劣形象”，而随着公司发展，该公司的愿景也调整为“体验发展技术造福大众的快乐”；沃尔玛公司的愿景是“为普通百姓提供机会，使他们可以买到与富人一样的东西”，如今沃尔玛成功将公司开到世界各地。

3M公司：创造性地解决那些悬而未决的问题。

沃尔特·迪斯尼公司：让人们快乐。

惠普公司：为人类的幸福和发展做出技术贡献。

玫琳凯化妆品公司：给女性无限的机会。

当共同愿景成为公司所有员工的执著追求和内心的坚定信念后，就会成为企业凝聚力、创造力、驱动力的来源。员工会感受到自身在一个优秀的团队，因而他们也愿意为实现愿景贡献一份力量。此时工作已不再仅仅是种谋生手段，而是社会责任，有着非同凡响的意义，这样的工作会让他们觉得很有乐趣，员工就会以主人翁精神投入工作。

管理者应该如何建立共同愿景，以及建立什么样的共同愿景？可通过以下四个方面了解：

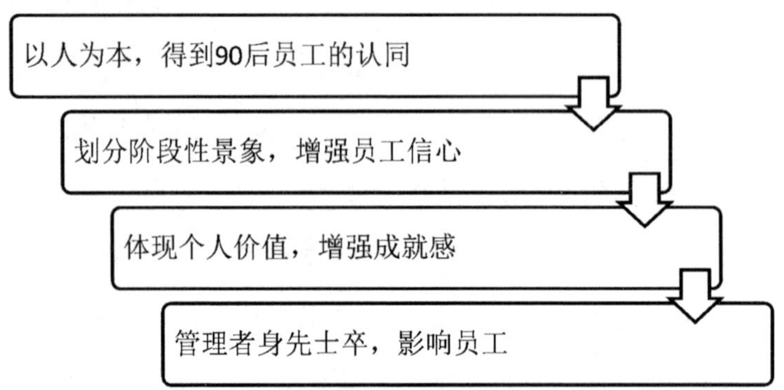

◎ 以人为本，得到90后员工的认同

将共同愿景以层次或者范围划分，可分为组织大愿景、团队小愿景、个人愿景。公司可根据自身的工作性质、行业特质等实际情况搭建愿景，但要切记，共同愿景的搭建应建立在个人愿景的基础上，要以人为本，得到90后员工的认同。只有这样，才能激发员工的活力，让员工充满热情地对待工作。

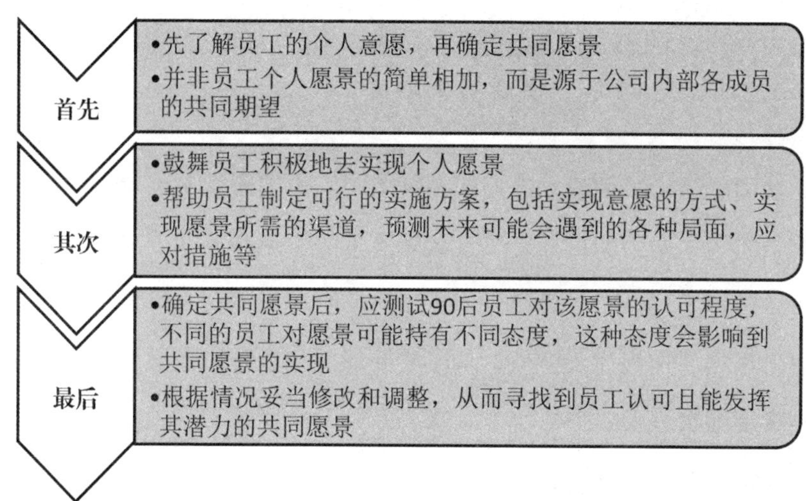

首先，先了解员工的个人意愿，再确定共同愿景。当然，共同愿景并非是员工个人愿景的简单相加，而是源于公司内部各成员的共同期望，因此必须明确员工的个人意愿，并描绘成蓝图，然后将其作为团队或者公司在某阶段应完成的任务。

其次，鼓舞员工积极地去实现个人愿景。帮助员工制定可行的实施方案，包括实现意愿的方式、实现愿景所需的渠道，预测未来可能会遇到的各种局面，应对措施，如遇到逆境该如何处理等。员工个人愿景的实现对实现共同愿景是极有帮助的，更何况可促使员工的个人愿景与共同愿景结合起来。

最后，确定共同愿景后，应测试90后员工对该愿景的认可程度。不同的员工对愿景可能持有不同态度，这种态度会影响到共同愿景的实现。因此管理者应了解90后员工对愿景的态度，包括认可程度、修正、期望、个人打算等，然后根据情况妥当修改和调整，从而获得一个全体员工认可的、又能发挥员工潜力的共同愿景。

◎ 划分阶段性景象，增强员工信心

共同愿景指公司设立的期望在某个时间内实现的美好景象，是公司所有员工为之努力的目标。不过共同愿景的实现并非是一蹴而就的，而要一步步地实现。为了鼓舞公司员工的信心，应将共同愿景进行细分和分解，根据工作规律、特点、阶段成果等划分为阶段性愿景，由低难度向高难度渐次迈入。

在团队内部，可根据员工的工作性质，确定某个时期内应完成的目标。就像刑事侦查机关制定侦查部门的年度工作目标，确立案件侦结率、判决率等，在某个时期内应达成上述目标，也因此成为成员共同奋斗的目标。如此做，既可以方便掌握各阶段成员的工作进度，又能根据实际情况的变动而调整或纠正共同愿景。将共同愿景分阶段，可增强员工的信心，鼓舞士气，提高团队的凝聚力和战斗力。

◎ 体现个人价值，增强成就感

90后员工是高度重视自我价值的群体，希望自己在职场舞台上能有所收获，能施展才华，情感需求得到重视，这也是员工个人愿景的共同内容。对于这类愿景，应予以支持，公平公正对待每一位员工，形成良好的工作氛围。90后员工对工作环境要求很高，在氛围良好的环境中工作，会让其精神振奋，更加自信，从而能充分发挥其潜能，体现员工的价值。

团队在制定共同愿景时，应考虑到员工的个人价值，根据员工的特

长、岗位特征量体制定，将员工安置在最适合他的岗位上。这样，既有利于团队工作的展开，又能充分发挥员工的才能，使其在工作中获得成就感，凸显个人价值，从而促使其在以后的工作中不断地超越自我。

◎ 管理者身先士卒，影响员工

如果将公司比喻成船，那么管理者就像是舵手。船本身结构设计得不合理，那么舵手再高明也无法驾驶。共同愿景是公司所有员工共同期待的景象，这也是包括管理者本人的。而且由于管理者位高权重，一举一动都会影响员工，因此管理者的个人愿景在共同愿景中的地位也很高。如果管理者能够身先士卒，发挥“头雁”的作用，则能鼓舞员工投入到实现共同愿景的道路中。

在共同愿景的促使下，90后员工会觉得个人职业生涯与公司牢牢地结合起来，在不断地朝共同愿景前进的过程中，也会感到自身价值得到体现。如果管理者能够发挥带头作用，必然产生更强大的凝聚力，激发员工积极向上。

目标可视化，天天看“梦想板”

“目标可视化”指管理者将目标制定得更加详细，具有操作性，让员工能够看到自己的目标在哪里，能够步步朝着目标前进，成就感很强，能够满怀信心地朝着最终的目标前进。将目标可视化，天天看“梦想板”，是一种很有效的激励方式，无论是经济上的目标，如在纽约买套房，或者是体质上的目标，如参加并跑完一次马拉松或者让身材变得更苗条，或者是其他目标，可视化都有着神奇的魔力。

《孙子兵法 · 谋攻篇》曰：“上下同欲者胜（上下有共同的愿望，齐心协力，才能取得胜利）。”《黄石公三略 · 上略》说：“与众同好靡不成，与众同恶靡不倾（指挥员和士兵有共同的欲望，有共同的好恶，就没有不成功的事业，就没有消灭不了的敌人）。”讲的就是上下一心、众志成城，打仗时奋力向前，军队就会战无不胜。这种“上下同欲”的理念在职场中也适用。

在职场中要做到“上下同欲”，可通过目标可视化实现。根据员工的期待，管理者将其涂上更为鲜艳的色彩，从而保证激发员工的潜力。尤其是90后员工，他们对物质方面的需求较少，反而更在意精神方面的需求，而目标可视化就是满足其精神需求的重要手段。实施过程中，应尽量避免空谈目标，将企业目标与员工目标尽量结合起来，将企业的发展方向与员工的前进方向结合起来，同时也要规划好目标实现的过程，使员工能够主动、热情地投入工作中。

通过目标可视化让每位员工都明白在某个阶段所对应的工作。如果目标不变，或者过于艰难，90后员工极易感到厌倦，从而扼杀其工作热情，影响工作进度。以明确的目标激发员工的斗志，增加90后员工的责任感和主动意识，让90后员工不再是一盘散沙，而是积极为同一目标不断努力奋斗。

可视化目标能否实现的关键在于，所提出的目标是否恰当，是否吻合当下的职场环境、客观情况与实际需要。唯有将公司情况与员工情况密切联合起来，掌握客观情势的需求并加以可视化，才能达到良好的激励效果。

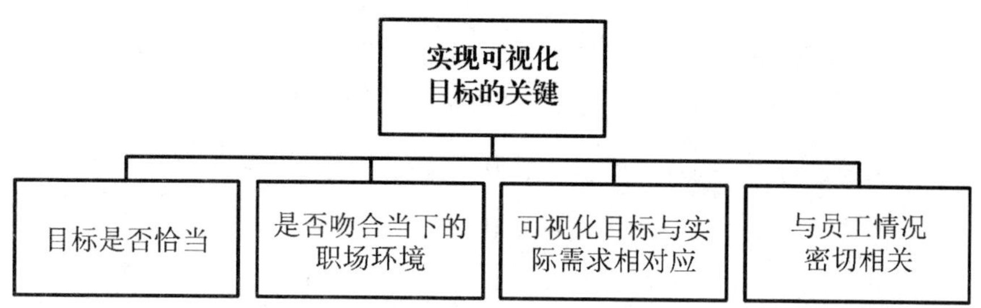

身处职场中，每位员工都或多或少有所期待。但这种期待并未形成动力，就像是每个人都希望有漂亮的房屋但却没有设计蓝图。作为管理者就要挖掘员工的期待，将期待变为可视化的具体目标，为员工设计“梦想板”。而一旦目标能生动鲜明地体现出来，90后员工就会在思想上获得共鸣，会不断地朝着目标前进。这一过程中，管理者充当了一位“建筑师”的角色，将想法表现在蓝图上，让“建筑”能生动起来，让员工能够每天看到这个蓝图，从而激发其努力奋斗。

如某家汽车销售中心，为了改变因为员工懒惰而带来的高昂的人力成本而提出一项激励措施：如公司年底销售额提升50%，公司将给员工加薪50%；如果销售额提升30%，将给员工加薪30%；如果销售额提升10%，则加薪10%；如果销售额提升低于10%，则维持以前的水平。同时也给员工制定了详细的年度总目标、季度目标、月目标，员工每天都可看到当前所应完成的目标。在此激励下，公司“上下同欲”，朝着同一目标前进，在短短八个月内就提前完成了年度目标。而公司管理者也信守承诺，将达到销售额目标的员工的薪酬同比例提高。在管理者看来，虽然此举大幅提高了人力成本，但由于员工努力工作因而导致其他成本大幅降低，再加上公司业绩提升，总的来说，公司虽然提高了员工薪酬但却提升了总效益。何况在这一目标可视化过程中，只有达到目标者，才能提高薪酬，而那些未能完成目标的员工，则无法享受提薪待遇，所以达到了激励勤奋者的效果。

在为员工描绘蓝图、设置目标可视化的过程中，应注意以下两点：

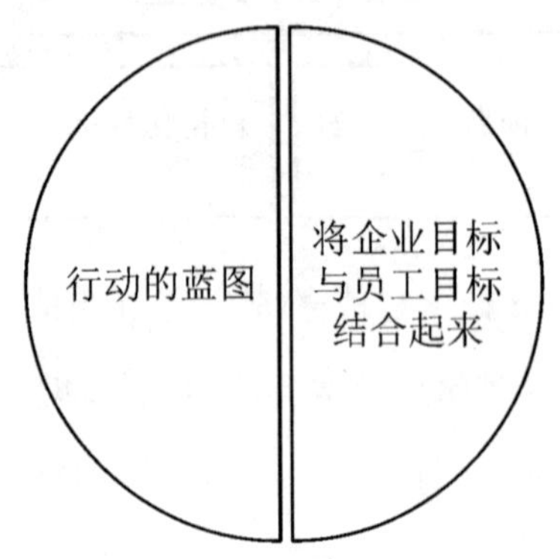

◎ 行动的蓝图

首先是在对蓝图进行描绘时，如果蓝图太过于宽泛不够吸引人，愿景不能打动员工，尤其是不能打动90后员工，员工们也就无法具有高昂的斗志，缺乏前进的动力，在这种情况下就算是再微小的目标也难以实现。

再雄伟的愿景，如果缺乏可视化，没有实现目标的具体过程，也无法让90后员工有信心。因此规划蓝图必须具有可操作性，要有实现愿景的详细步骤，这是个较为漫长的过程。

制定计划要科学、合理化。将整体目标阶段化，根据目标的特质等划分为若干阶段，一则免得目标过于宏大，打击员工的积极，挫败其工作热情；二则避免目标过于琐碎或者太小，让员工感觉工作无意义。

◎ 将企业目标与员工目标结合起来

认真根据当下的企业状况，包括行业竞争状况、核心竞争力、市场占有率等，从主观、客观上全面分析企业，制定出合理的企业目标。同时也要认真考虑员工与公司间的关系，将企业目标与员工个人目标结合起来，将员工成长与企业成长挂钩。

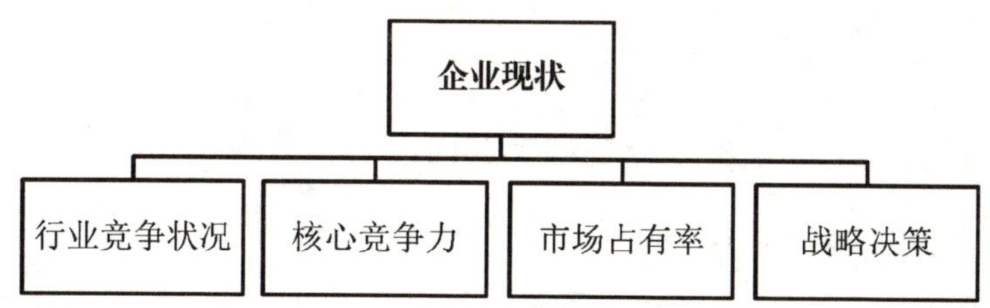

管理者应根据企业与员工的情况制定一个共同目标，打造共同的价值立场和价值理念，让员工觉得实现企业目标对员工个人而言意义非凡。不过这通常容易落于俗套，甚至与现实脱节，失去可信度，员工不信任自然不愿为了目标而努力工作。

要将员工目标与企业目标结合起来，需要后者有相应的包容力，才能囊括90后员工充满个性的目标，从而让90后员工积极参与其中，将公司目标体现在员工的日常工作之中，让员工甘愿为实现企业目标而努力。在这一过程中，既实现了企业目标，也实现了个人目标。

企业目标应是正当的、具有可操作性的，而非种种华丽的设想，更非夸大其词的宣传。制定目标时要接“地气”。很多时候，管理者不断地向员工解释目标并期望获得员工的认可、接受，但如果要他们为此努力，前提是他们必须认同目标。只是依靠管理者详细诉说难以获得理想的效果，更加需要在情感和视觉上给予员工刺激，让其参与其中。

创建一个可视化的目标，能够让员工天天看“梦想板”，驱动员工的工作动力与积极性，从而激发其潜力，上下一心，尽早将目标变为现实。

目标适度：将长远目标拆解

所谓目标适度是指企业及相关部门在对企业现状、核心竞争力等资源综合分析的基础上，制定出具有可操作性的目标。“适度”是个中性词，目标制定过高，则无法实现，会让员工有挫败感，影响其工作热情；但目标过低，则没有挑战性。90后员工很希望从事具有挑战性的工作，目标过低，让他们没有成就感，也导致资源的浪费与闲置。

适度的目标通常分为定量目标与定性目标两种：

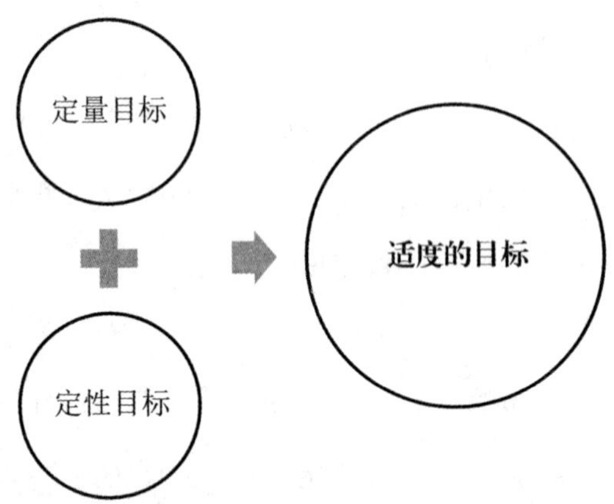

定量目标，指可以准确定义数量、精确衡量并能设定绩效目标的考核指标。如公司制定年度销售目标要比上年提升20%，员工个人年销售额要比上年提高20%。

定性目标，指难以准确定义数量、精准衡量的目标。如企业的发展方向或企业定位，它是企业目标的本质。定量目标则是定性目标的具体表现或分解，它是企业目标的表象。具体来说，如企业相比上年更有知名度，就属于定性目标。

不过很多企业在制定目标时，只强调目标的量化与层次，而忽略了员工参与的部分，导致问题重重。如某家实行目标管理的企业，其总目标完全是由管理者制定的，然后由管理者拆解，形成相应的文件下发给员工，员工只需要按文件履行即可。结果有的部门经费过多，花不完，进而导致该部门盲目开支；而有的部门则经费较少，用起来捉襟见肘，一分钱当一毛钱花，员工极为不满，工作效率低下，公司的目标成本管理效率也极为低下。

因此要制定适度的目标，然后制定合适的实施措施，并在这一过程中根据现实情况不断地调整相应的措施与行为。企业长远目标的实现需要员工的共同努力，如果员工觉得无目标、劳动成果得不到认可、个人潜能得不到发挥，工作效率就会降低。因此，企业目标是“跳起来就能摘到的苹果”，既有现实性，又有成长性与引导性。振奋与激励员工，让员工觉得目标切实可行。

通常，管理者会将目标管理与薪酬制度相结合。如有的企业采用“内敛式”薪酬制度，只要员工完成目标就可获得相应的薪酬回报；完不成则按相应的比例扣发，甚至不发。有的企业则采用“外展式”薪酬制度，员工无论是否完成目标都可获得“基本工资”或生活费；如果目标完成，则会发放奖金；如果超额完成目标，则奖励更多。而有的企业年年都提高企业的业绩目标，但员工的薪酬却始终未变，致使员工出现逆反情绪，让员工有挫败心理。从目标角度来说，企业这样的目标就不是适度的目标。

目标适度，重在强调员工的参与意识，调动其工作的积极性与热情，只有合理运用，才能产生良好的激励效果。

管理者在制定适度的目标时，应注意以下几点：

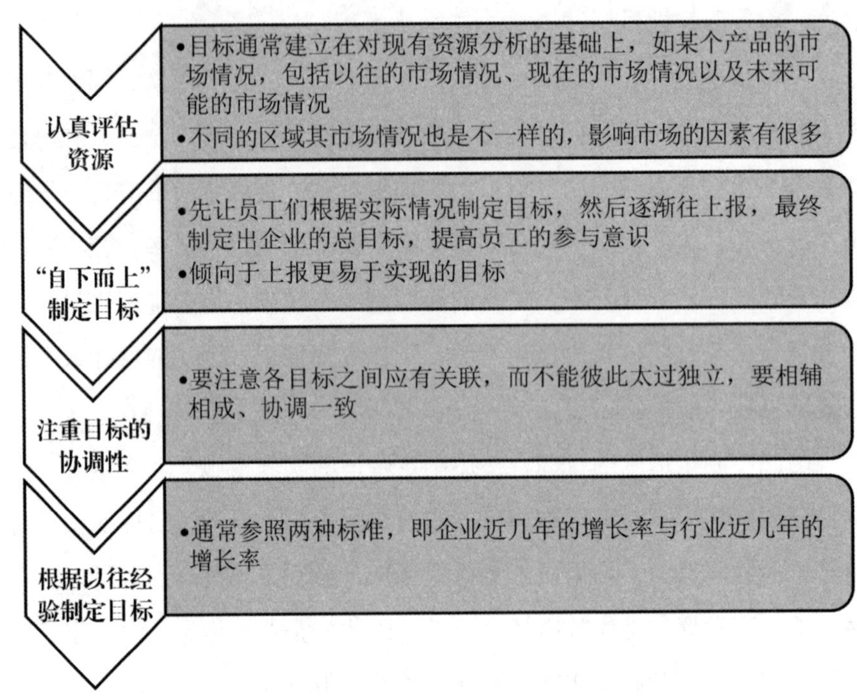

◎ 认真评估资源

目标通常建立在对现有资源分析的基础上。如对某个产品的市场情况，包括以往市场情况、现在的市场情况以及未来可能的市场情况。而且不同的区域其市场情况也是不一样的，影响市场的因素有很多，因此在考核市场情况时不能采用某个单一因素。否则以此为基础制定的目标就是不合理的，也非适度的目标。

◎ 制定目标要由“自上而下”改为“自下而上”

在传统管理理念中，目标管理常采用先总后分的形式，也较易出现由管理者制定目标强制执行，而忽略了员工们的感受。80后或许能够认同这种方式，但90后对此却多嗤之以鼻，这种忽略他们感受的目标不会获得他们的认同，也不会被认真执行。

采用“自下而上”的形式，先让员工们根据实际情况制定目标，然后逐渐往上报，最终制定出企业的总目标。这种制定目标的方式提高了员工的参与意识，让90后员工觉得自己是企业的一分子，而且依据这种方式制定的目标，使得企业总目标能够接地气，有支撑基础，也较易获得员工的认同。当然，此方式的缺点在于90后员工毕竟职场经验较浅，他们觉得对目标整体难以把握，就会降低目标的难度，而倾向于上报更易于实现的目标。对这一现象，管理者应积极分析，确保目标趋于合理、适度。

◎ 注重目标的协调性

企业制定目标时往往并非是单一的目标，而是一组目标。但要注意各目标之间应有关联，而不能彼此太过独立，要相辅相成、协调一致。如某企业制定年度销售额提高多少个百分点，但同时又要降低成本、增加利润，则目标显得有些不一致，全部实现显得有些不现实。这是因为提高销售额，必然会导致广告、营销、人力、公关等方面成本的增加，从而相比以往，利润率可能会有所降低，因此适度的目标也应该是协调的目标，否则就会引起部门冲突与矛盾，进而影响员工的积极性与进取心。

◎ 根据以往经验制定目标

在制定目标时，企业通常有两种参照标准，即企业近几年的增长率和行业近几年的增长率。

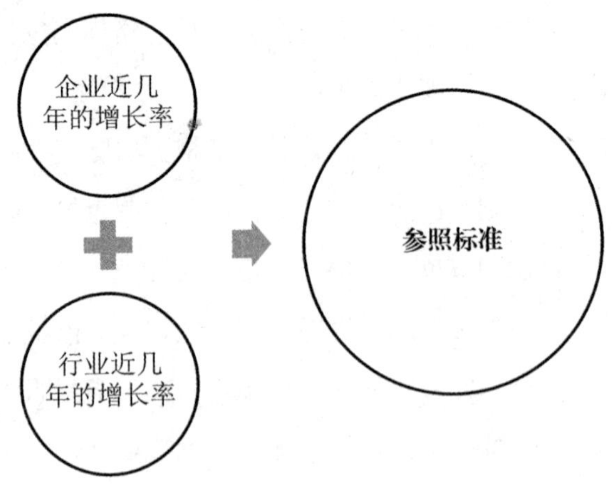

企业增长率指企业的发展速度，是当期收益与上期收益之比。企业近几年的增长率可由此计算而来，是衡量企业发展速度的重要指标。根据此可推算，企业在未来几年的大概增长率，以此为基础制定的目标较为合理。

行业近几年的增长率也是影响制定目标的一个关键因素。企业即使再卓越，也逃不脱整个行业周期的影响。如在夕阳行业，尽管当下企业增长率不错，但整体而言，增长率会随着行业增长率的下降而下降。因此在制定目标时必然要考虑到这一点。

参照两种标准，结合企业的内外部实际情况，包括90后员工的情况进行综合考虑，制定出适度目标的难度并不大。

作为目标管理的组成部分，适度目标运用得当可以成为激励90后员工的有效手段。作为管理者，在制定适度的目标时，不仅要考虑到目标任务的本身，也要考虑到90后员工所需的精神、物质方面的激励。如果能灵活运用，那么将激发90后员工的工作热情与积极性，达到事半功倍的效果。